Begegnungen mit Horst Joachim Frank

2. Exemplar an Rosemarie

Horst Joachim Frank

1928 – 2005

Begegnungen mit Horst Joachim Frank

Gedenkschrift

Herausgegeben von

Helga Bleckwenn und August Sladek

Carl Böschen Verlag

Bibliographische Information der Deutschen Nationalbibliothek
Die Deutsche Nationalbibliothek verzeichnet diese Publikation in der Deutschen
Nationalbibliographie; detaillierte bibliographische Angaben sind im Internet über
http://dnb.d-nb.de abrufbar.

ISBN 978-3-932212-76-5

Dieses Werk einschließlich aller seiner Teile ist urheberrechtlich geschützt. Jede Verwertung
außerhalb der engen Grenzen des Urheberrechtsgesetzes ist ohne Zustimmung des Verlags
unzulässig und strafbar. Das gilt insbesondere für Vervielfältigungen, Übersetzungen, Mikroverfilmungen und die Einspeicherung und Verarbeitung in elektronischen Systemen.

© 2010 Carl Böschen Verlag, Siegen
www.carl-boeschen-verlag.de
boeschen-buchverlag@t-online.de

Einbandgestaltung: Anja Kühn, Flensburg
Satz: Christian Berger, Flensburg
Druck: Werner Rux, Flensburg

Printed in Germany
Januar 2010

Carl Böschen Verlag, Siegen

Inhalt

Helga Bleckwenn, August Sladek   11
Einführung

75. Geburtstag – *06.12.2003*

Christian Wagenknecht   21
Prosazeilen, Knittelverse, Strophen
Über dreierlei Gedichte (Festvortrag)

Horst Joachim Frank   35
Rede des heute Fünfundsiebzigjährigen

Letzter öffentlicher Vortrag – *2005*

Horst Joachim Frank   43
Er war für den Husumer Deich, ich war für die Londonbrücke.
Theodor Storm – Theodor Fontane: Respekt und Widerspruch

Todesnachricht – *16.10.2005*

Helga Bleckwenn   67
Nachruf

Beiträge zur Gedenkveranstaltung – *09.02.2006*

Begegnungen mit Horst Joachim Frank
Seine Schriften lesen – seine Ideen weiterführen

Helmuth Nürnberger	73
Erich Unglaub	83
Helga Bleckwenn	93
Dieter Lohmeier	99
Hannelore Jeske	105
Erich Maletzke	113
Heinrich Detering	119

Autorinnen und Autoren des Bandes   127

Helga Bleckwenn, August Sladek

Einführung

Fast vier Monate nach dem unerwartet frühen, wenngleich nicht plötzlichen Tod von Horst Joachim Frank trafen sich in der Universität Flensburg, der Stätte jahrzehntelangen Wirkens des Verstorbenen, Menschen, denen er etwas bedeutete: Familienmitglieder, Freunde, Bekannte, Kollegen, frühere Absolventen der Hochschule, Gasthörer, Studierende. Gesprochen und vorgetragen wurde über die Person und das Werk des emeritierten Professors für Literaturgeschichte und Deutschdidaktik. Damit führten die Universität Flensburg und das Germanistische Institut ihre Tradition weiter, Persönlichkeiten aus ihrer Mitte durch akademische Veranstaltungen zu ehren: bei frohen Anlässen wie den runden Geburtstagen und auch bei traurigen, die schmerzlichen Verlust markieren – eine Tradition, die aufrechtzuerhalten bei der Hektik des gegenwärtigen Universitätslebens und Studienbetriebs immer schwerer fallen dürfte, so wichtig eine solche Traditionspflege gerade auch für eine kleine und relativ junge Hochschule ist. Das Verlangen der Beteiligten, das damals Geäußerte zum Nach- und zum Neulesen schriftlich festzuhalten, sollten die beiden Herausgeber erfüllen; so haben sie es versprochen. Sie hofften, diese Gedenkstunden für Horst Joachim Frank zeitnah dokumentieren zu können, etwa innerhalb von vier Monaten. Stattdessen sind fast vier Jahre daraus geworden, bis alle Beiträge beisammen waren und die Publikationsform gefunden war. Wir haben die Zeit genutzt, um auch Beiträge aus dem Akademischen Festakt zu seinem 75. Geburtstag und Texte aus dem unveröffentlichten Nachlass aufzunehmen. Damit liegt jetzt ein Band mit zwei Teilen vor, der Zeugnis gibt von öffentlichen, akademischen Auftritten und Ereignissen aus den letzten Lebensjahren und nach dem Tod von Horst Joachim Frank.

Im Mittelpunkt der Geburtstagsfeier mit ihren Ansprachen und musikalischen Beiträgen stand ein Festvortrag des Göttinger Kollegen Christian Wagenknecht, wie Frank Versforscher, zu überkommenen und aktuellen Vers- und Strophenformen. Als „Zwischenspiel" trug er anschließend zusammen mit seiner Frau Eva Willms in szenischer Lesung Eduard Mörikes ‚*Häusliche Szene*' vor, ein hübscher Beleg für die im Vortrag gezeigte Wandlungsfähigkeit des Distichons, das sich für Öffentliches und Privates, Pathetisches und Verspieltes eignet. Der Geehrte antwortete launig, mit der ihm eigenen hintersinnigen Ironie, in Knittelversen, die auch Goethe kunstbewusst gebraucht hat, und folgerichtig in einem Goethe-Zitat endend: Die gereimte ‚*Rede des heute Fünfundsiebzigjährigen*', zeigt Frank als Gelegenheitsdichter – und als Gewährsmann für Wagenknechts Ausführungen über vierhebige Reimpaarverse in zeitgenössischer populärer Gebrauchslyrik. Die Teilnehmer erinnern sich an einen gelungenen Abend in heiterer Stimmung und an einen Jubilar, dessen Vitalität unerschöpflich zu sein schien.

Einige Zeit später hielt Frank für ein breites, literarisch interessiertes Publikum seinen letzten Vortrag, der hier erstmals veröffentlicht ist. Er entstand in der Zeit, als der Teil seines Alterswerks vollendet war, den abzuschließen ihm noch vergönnt war. Der Vortrag über die Beziehungen zwischen Theodor Storm und Theodor Fontane ergänzt das gewichtige Fontane- und das fast monographische Storm-Kapitel von Band 3.2 der ‚*Literatur in Schleswig-Holstein*', führt zusammen, vergleicht, kontrastiert, was dort – mit detaillierten Quellen- und Literaturnachweisen – eher nebeneinander zu stehen hat. So entstand ein Parergon aus der „großen Werkstatt" des Literaturgeschichtsschreibers Frank. Es weist auf das Potenzial hin, das in dem Werk steckt, und zeigt, dass Frank aus Frank reichlich zu schöpfen wusste, aber Frank sich nicht einfach wiederholte, und es bietet Gelegenheit vorzuführen, wie „populär" im guten Sinn der Verstorbene sich zu geben wusste, dessen geradlinige, allgemein verständliche, wirkmächtige Ausdrucksweise die Beiträger der Gedenkveranstaltung allenthalben hervorzuheben wissen.

Niemand ahnte damals, dass Franks letzte Lebensphase keine zwei Jahre mehr dauerte. Er begann, Material für den abschließenden Band seiner Literaturgeschichte zu sammeln, kam aber nicht mehr dazu, ihn zu konzipieren oder auch nur ansatzweise auszuarbeiten. Dies hat uns seine Witwe, Frau Loni Frank, mitgeteilt. – Der erste Teil des Gedenkbandes schließt mit einem Nachruf Helga Bleckwenns auf den Verstorbenen, der unter dem Eindruck der Todesnachricht für die Universitätsöffentlichkeit geschrieben wurde.

Der zweite Teil des Gedenkbandes enthält sieben Vorträge von Kollegen und Weggefährten Horst Joachim Franks, die sie am 9. Februar 2006 bei der Akademischen Gedenkfeier gehalten haben. Jeder Beiträger äußerte sich über seine ‚*Begegnungen mit Horst Joachim Frank*‘, entwickelte eigene Gedanken zum Rahmenthema ‚*Seine Schriften lesen – seine Ideen weiterführen*‘. Auf drei Werken vor allem beruht Franks wissenschaftlicher Einfluss und Nachruhm, nachdem er zuvor seine wissenschaftliche Laufbahn mit einer nach wie vor für die Barockforschung (und auch für ihn persönlich) relevanten Dissertation über Catharina Regina Greiffenberg (1967) begonnen hatte: auf der ‚*Geschichte des Deutschunterrichts von den Anfängen bis 1945*‘ (1973), dem ‚*Handbuch der deutschen Strophenformen*‘ (1980) und der ‚*Literatur in Schleswig-Holstein*‘ (1995-2004). Zum Umkreis des ‚*Handbuch*s‘ gehört das vielverwendete, immer noch nachgefragte Bändchen ‚*Wie interpretiere ich ein Gedicht?*‘ (1991). (Erich Unglaub zeigt im Mittelteil seines Vortrags, wie dieses Printmedium seine Leser auch über Internet-Empfehlungen findet.)

Jeder Beitrag geht Einzelaspekte aus Franks drei Hauptwerken an, jeder in eigener, persönlicher Manier. Auf diese Weise entsteht ein vielfach facettiertes Bild von der Forscherpersönlichkeit und vom Menschen Horst Joachim Frank. Aufgebaut wird ein kleines Denkmal für den Verstorbenen; es möge seinen Platz neben den Monumenten finden, die er sich selbst errichtet hat. Der Gedenkband hat, so sind wir uns sicher, seine wissenschaftlichen Meriten – die Autoren sind eben Wissenschaftler, die sich dem Forscher Frank verpflichtet fühlen –, er ist aber nicht als Festschrift oder Tagungsband zu verstehen. Eine solche Publikation als wissenschaftlicher Ertrag des Symposiums zu Ehren des Siebzigjährigen, wurde ihm bereits dediziert (‚*Cimbria literata*‘, hg. Helga Bleckwenn, 1999 (= Flensburger Universitätszeitschrift, Bd. 8)). Der nun vorgelegte Band gehört zu einem eigenen Genre. Nennen wir es auf eingeführte Traditionen und Formen anspielend, „Memoria"; über das Erinnern an den Verstorbenen und an sein Werk werden neue Einsichten zum Werk erschlossen.

Rückblickend schließt Christian Wagenknechts Beitrag im ersten Teil eine Lücke, die von den späteren sieben Beiträgern offen gelassen wurde, so sehr jeder sich dem gemeinsamen Ziel widmete, das Schaffen Horst Joachim Franks in seiner Vielgestaltigkeit zu beleuchten. Wagenknecht führt den Nutzen des ‚*Handbuchs der deutschen Strophenformen*' exemplarisch vor. Dieter Lohmeier erwähnt, es für seine Lehrveranstaltungen herangezogen zu haben. Sicher ist es ein imponierendes Sammelwerk, das zahllose Informationen, Beispiele, Belege aufführt, eine Enzyklopädie von Gelehrtenfleiß und -findigkeit vor dem Zeitalter allgemein verfügbarer elektronischer Ressourcen; dabei ist ein gut lesbares Werk entstanden – so gut lesbar wie alle Veröffentlichungen Franks –, das vielfältige Zusammenhänge offen legt: eine Sammlung von konzisen „Strophenformgeschichten", verknüpft mit zugehörigen Geschichten lyrischer Genres.

Das erste der Hauptwerke Franks, die ‚*Geschichte des Deutschen Unterrichts von den Anfängen bis 1945*', steht im Mittelpunkt von Helga Bleckwenns Beitrag. Sie hat es für ihre eigenen didaktischen und pädagogischen Forschungen konsultiert und in Lehrveranstaltungen hinzugezogen; Erich Unglaub nutzte es in seiner praktischen Ausbildung als Studienreferendar. Bleckwenn zeigt, wie Franksche Ideen weitergeführt wurden und werden können. Dabei wird, wie bei anderen Nutzern und Bewunderern, ein leises Bedauern spürbar, dass Frank am Fortschreiben einer „Geschichte des Deutschunterrichts von 1945 bis in die Gegenwart" nicht interessiert war. So bleibt seine Fachgeschichte als Standardwerk in der Deutschdidaktik etabliert, wenngleich für interdisziplinäre Diskurse über Traditionen und Innovationen noch zu wenig ausgewertet und weitergeführt.

Franks Forscherbiographie lässt sich also in mehrere deutlich abgrenzbare Phasen gliedern: die Barockmonographie, die Unterrichtsgeschichte, die Forschungen zu metrisch gebundenen Texten. Als Emeritus ließ er sich dann noch auf ein schier unmögliches Unterfangen ein: eine breit und umfassend angelegte Bestandsaufnahme der ‚*Literatur in Schleswig-Holstein*', die von den mittelalterlichen Anfängen bis ins 20. Jahrhundert die fortschreitenden und mit zunehmender Mobilität sprunghaft ansteigenden biographisch-institutionell-kulturellen Verflechtungen mit der gesamtdeutschen, mit der europäischen, mit der Weltliteratur abbilden sollte. Horst Joachim Frank ist auf gutem Weg zu diesem Ziel gewesen. Er hat ihn nicht zu Ende gehen dürfen. Seine „Literatur in Schleswig-Holstein, Bd. 4" wird ungeschrieben bleiben.

Doch haben wir die bis zum Ende des 19. Jahrhunderts gediehene Literaturgeschichte, die Faszination, Bewunderung und offensichtlich auch lang anhaltendes Lesevergnügen auslöst. Die meisten hier vorgestellten Beiträge setzen sich mit solchen Lektüreerfahrungen auseinander. Einige erlauben sich öfters, kürzer und länger, aus den vier Teilbänden zu zitieren, um die klare Prosa selbst sprechen zu lassen. Erich Maletzke, selbst Journalist, betont Franks journalistischen Instinkt und zeigt an Hand einer längere Passage über Klopstocks Begräbnis, die das Klopstock-Kapitel eröffnet, Franks moderne und leserwirksame Präsentationsweise. Und wenn aus Platzgründen nicht weiter zitiert werden kann, so wird die Quellenangabe mit der nachdrücklichen Empfehlung versehen, ja selbst nachzulesen. Solche Empfehlungen finden sich öfter, so auch bei Helmuth Nürnberger. der sich selbst in einer gewichtigen, doch einbändig bis zur Gegenwart führenden ‚*Geschichte der deutschen Literatur*' viel kürzer hatte fassen müssen als sein Kollege Frank: Jener konnte in seinem mehrbändigen Werk dem breiten epischen Erzählfluss Raum geben.

Horst Joachim Franks Persönlichkeit, Denken und Fühlen war durch seine norddeutsche Heimat geprägt. Eindringlich zeigt dies Hannelore Jeske, wie sie den ihr von Kindheit so vertrauten Dichter des ‚*Quickborn*', Klaus Groth tiefer versteht, neu liest, indem sie sich in Franks Darstellung vertieft. Ihre Kindheitsbegegnungen mit Groths Reimen dürften denjenigen Horst Joachim Franks gleichen, der bei allem Erfahrungs- und Wissensreichtum ein „Schleswiger Jung" geblieben ist.

Einige Beiträger haben sich anhand von Franks ‚*Literatur in Schleswig-Holstein*' auch in abgelegene Gebiete entführen lassen und Neues für sich entdeckt, selbst wenn sie sich in der Materie einigermaßen auskannten: So las Dieter Lohmeier, neugierig gemacht durch den ersten Band, die Visionen des Bauern Gottschalk aus dem 12. Jahrhundert neu. Frank gebe ausgiebig Gottschalks Visionen wieder, lasse sie für sich sprechen, ohne sie vergleichend-psychologisierend ihrer Einmaligkeit zu berauben und beeindrucke seine Leser, ähnlich wie ehemals der schlichte Erzähler seine Zeitgenossen fasziniert habe. Andere Autoren stellen besondere Resonanzen oder Korrespondenzen mit eigenen Forschungsgegenständen, Lieblingsepochen und -dichtern heraus. So sieht Helmuth Nürnberger in der sprachlich-kulturell wie politisch-sozial vielschichtigen Literaturlandschaft Schleswig-Holstein ein Gegenstück zu Verhältnissen in der Habsburgermonarchie, besonders in Galizien. Erich Unglaub verweilt am Schluss seines Vortrags bei einem ihm aus seinen Rilke-Studien vertrauten, sonst völlig vergessenen Schriftsteller Prinz Emil von Schönaich-Carolath, den Frank jedoch nicht vergessen hat: Dessen Lebensumstände und literarische Versuche sind im letzten Band der ‚*Literatur in Schleswig-Holstein*‘ detailliert registriert.

Immer wieder wird – besonders von Heinrich Detering – der weite Horizont bewundert, das umfassende, auch Gebrauchstexte einbeziehende Literaturkonzept sowie der multisprachliche transnationale Zugriff, der hoch- wie niederdeutsche, lateinische wie nordfriesische, hochdänische und südjütische Literaturen einbindet. Frank verstehe es, verwickelte historisch-politische wie biographische Verhältnisse für den Leser zu entwirren und übersichtlich auszubreiten. Die Beschränkung auf eine Region sei von Regionalismus, Heimatliteraturgeschichtsschreibung weit entfernt. Heinrich Deterings Beitrag reflektiert die Begriffe Peripherie und Zentrum und weist auf, wie im Laufe historischer Prozesse und bei unvoreingenommener Betrachtung Peripherien und Zentren ihre Plätze tauschen.

Für die formale Gestaltung der Beiträge gilt: Den wissenschaftlichen Apparat haben wir auf wenige, von einzelnen Autoren gewünschte und angefertigte Belege, Anmerkungen und Literaturhinweise beschränkt. Die Orthographie und Interpunktion wurde in bewusster Liberalität jeweils übernommen und nicht harmonisiert. Elemente des mündlichen Vortrags haben die Autoren auch nach Durchsicht ihrer Vorlagen weitgehend bewahrt, und die Herausgeber sind ihnen gefolgt. Die sieben letzten Beiträge haben einen gemeinsamen Titel, der auf der zweiten Seite des Inhaltsverzeichnisses steht und den zweiten Teil des Bandes einleitet: *Begegnungen mit Horst Joachim Frank. Seine Schriften lesen – seine Ideen weiterführen* (Seite 71). Nach Durchsicht ihrer Texte haben vier Autoren ihren Beiträgen zusätzliche Überschriften vorangestellt, die unten abgedruckt sind; drei haben darauf verzichtet. Im Inhaltsverzeichnis fehlen daher die Sondertitel; es gibt die Vortragssituation der Gedenkveranstaltung wieder.

Wir hoffen, dieses Horst Joachim Frank gewidmete Buch möge den Lesern Einsichten und Empfindungen von Nähe und Ferne, von Vertrautheit und Fremde vermitteln. Wir danken der Familie Frank für die Überlassung der Manuskripte von Horst Joachim Frank, den Autoren für ihre Beiträge, dem Rektorat der Universität Flensburg für Förderung der Gedenkveranstaltung und dieses Buches und dem Germanistischen Institut für Unterstützung. Gerne erwähnen wir die hilfreiche Durchsicht der Vorlagen von Hannelore Jeske und die gute Zusammenarbeit bei der Herstellung des Bandes mit Werner Rux, Anja Kühn und Christian Berger.

75. Geburtstag
06.12.2003

Christian Wagenknecht

Prosazeilen, Knittelverse, Strophen

Über dreierlei Gedichte

Horst Joachim Frank zum 75. Geburtstag, 2003

I

Wenn Sie eine bessere deutsche Zeitung aufschlagen, finden Sie darin nicht selten auch Gedichte, und zwar von dreierlei Art. Im Feuilleton der ‚*Frankfurter Allgemeinen*', zum Beispiel, ist alle paar Tage zwischen Berichten und Besprechungen auch ein Gedicht zu lesen – als solches leicht erkennbar daran, daß die Zeilen verschieden lang und von viel weißem Raum umgeben sind, wie man das ja aus Gedichtbüchern zur Genüge kennt. Da weiß man gleich, wie man sich zu verhalten hat: Man liest diese Zeilen entweder gar nicht oder aber mit erhöhter Aufmerksamkeit. Manchmal lohnt sich die Mühe, oft jedoch wird man auch enttäuscht. Ein typisches Beispiel solcher Zeitungspoesie bildet etwa das folgende Stück von Silke Scheuermann, das vor ein paar Tagen in der *FAZ* (14. 11. 2003) erschienen ist:

> *Alice und die Verabredung*
> *Und dann hat sie sich eine Zeitmaschine gewünscht*
> *den Besuch bei einem Star des siebzehnten Jahrhunderts*
> *ein kleines gestohlenes Date mit*
> *dem weichgesichtigen Jüngling*
> *Jemand hätte Rembrandt nur ausrichten müssen*
> *sie trage eine Malermütze sei also leicht zu erkennen*

Das sind zwei ziemlich leicht verständliche Sätze. Man weiß, was eine Zeitmaschine und erst recht, was ein Date ist, man kennt Rembrandt und läßt es sich gefallen, daß er hier als ein Star des siebzehnten Jahrhunderts bezeichnet wird. Kenner seiner Selbstporträts werden ihn vielleicht auch als weichgesichtigen Jüngling richtig beschrieben finden. Was das gestohlene Date betrifft, so möchte man freilich auch wissen, wer es – und wem – gestohlen hat. Vor allem aber: wer Alice, die Hauptperson des Gedichts, eigentlich ist. Die Zeitmaschine würde zu Alice im Wunderland passen, aber die ist nicht gerade als Rembrandt-Fan bekannt, und auch Alice Schwarzer trägt, soviel ich weiß, keine Malermütze. Also tun wir wohl besser daran, anzunehmen, die Alice des Gedichts sei eine nur der Dichterin näher bekannte weibliche Person, die sich, wohl nach einer Reihe anderer Wünsche (*Und dann*), einen Besuch bei Rembrandt gewünscht, aber offenbar nicht auch verwirklicht hat (*Jemand hätte*). Oder die Zeitmaschine stand, wie das ja auch zu erwarten war, nicht zur Verfügung. Vielleicht läßt sich bei längerer Betrachtung die eine oder andere Dunkelheit dieser Zeilen noch ein wenig lichten – und dabei auch der Grund erkennen, warum wir uns überhaupt mit Alice und ihrer Verabredung befassen sollen. Wenn die Dichter, wie Horaz gemeint hat, entweder nützen oder vergnügen wollen (oder gelegentlich auch beides) – kann man in diesem Fall doch jedenfalls nicht mit Sicherheit sagen, worauf Silke Scheuermann es eigentlich abgesehen hat. Sicher ist hingegen: daß es sich bei diesen Zeilen nicht wirklich um Verse handelt, daß ihnen außer dem ja gewiß entbehrlichen Reim auch jede metrische Ordnung fehlt. Erst recht gibt es im Deutschen keine dazu passende Strophenform. Man könnte den Text also auch fortlaufend, als Prosa, schreiben und hätte dabei so gut wie nichts verloren – außer eben den Schein eines Gedichts. Dagegen wäre einzuwenden wohl nur: daß der Text in der Gestalt, die ihm die Zeitung gegeben hat, doch wenigstens eine Eigenschaft mit metrisch gebundener, genuin poetischer Rede teilt. Sie werden die Stelle in der Mitte des Textes bemerkt haben, wo anders als am Beginn und am Ende ein Zeilenende nicht mit einer syntaktischen Grenze zusammenfällt, sondern im Gegenteil zwei aufs engste miteinander verknüpfte Elemente, eine Präposition und den zugehörigen Artikel, hörbar voneinander trennt: *mit | dem*. Zeilensprünge leichterer Art sind in der deutschen Dichtung seit eh und je im Gebrauch, auch die metrisch kaum noch gebundene Dichtung in Freien Rhythmen, Klopstock, Goethe, dann vor allem Hölderlin haben sie immer wieder gern benutzt – hauptsächlich, um auf diese Weise sei es den Schluß eines Verses, sei es den Beginn des folgenden kräftig herauszustreichen. Klopstock in der Ode ‚*Frühlingsfeyer*‘:

> *Der Wald neigt sich, der Strom fliehet, und ich*
> *Falle nicht auf mein Angesicht?*

Goethe im ‚*Prometheus*':

> *Wer half mir wider*
> *Der Titanen Übermuth* [?]

Ebenso hat Hölderlin am Schluß von ‚*Hälfte des Lebens*' statt der bequemen ‚glatten Fügung': „im Winde klirren die Fahnen" die sehr viel sprödere ‚harte Fügung' gewählt:

> *Die Mauern stehn*
> *Sprachlos und kalt, im Winde*
> *Klirren die Fahnen.*

Ähnlich ist Brecht an vielen Stellen seiner ‚Reimlosen Lyrik mit unregelmäßigen Rhythmen' verfahren. Aus den ‚*Deutschen Satiren*' von 1937/1938:

> *Alle erfahren: der kommende Krieg*
> *Läßt den Kanzler nicht schlafen.*
> *Wie wäre es*
> *Wenn der Kanzler sich Schlaf gönnte und*
> *Es käme kein Krieg?*

Später hat Paul Celan, in der hermetischen Lyrik seiner späten Bücher, den Zeilensprung gern gebraucht. Ein Gedicht aus ‚*Fadensonnen*':

> *Die abgewrackten Tabus,*
> *und die Grenzgängerei zwischen ihnen,*
> *weltennaß, auf*
> *Bedeutungsjagd, auf*
> *Bedeutungs-*
> *flucht.*

Andererseits verkennen einige von Brechts und Celans Nachfolgern, daß man von diesem Mittel einer abweichenden Segmentierung nur in Maßen Gebrauch machen darf, wenn es seine Kraft nicht mehr oder weniger einbüßen soll. Zum Beispiel beginnt ein

Text von Sascha Anderson, den ich in einer repräsentativen Anthologie zeitgenössischer Lyrik abgedruckt finde, mit den Zeilen:

> *der tag löst auf, was nachts, vom auge aus, noch*
> *unbenannt, doch allerdings damit beladen, wie*
> *es jenen gegenstand, aus welchem grund auch immer,*
> *aufgetaucht raub*
> *katzengleich, besessen davon, es zu tun, in einem satz der*
> *ohnmacht, überspringt.*

Da wird man einen semantischen Mehrwert selbst an der Stelle nur mit Mühe erkennen, wo ein Kompositum („Raubkatzen") in seine Bestandteile zerlegt erscheint. Peter Rosei trennt in einem seiner Gedichte einmal sogar „sa-gen". Insgesamt scheint der inflationäre Gebrauch des Zeilensprungs nur dem einen Prinzip zu gehorchen: daß eine Zeile überall geschlossen werden kann – außer eben an einer syntaktischen Grenze, also dort, wo sie in der älteren Dichtung vorzugsweise schließt.

II

Das bezeugen sowohl die Volkslied- und Kirchenlieddichtung der frühen Neuzeit als auch die Lyrik des 17., 18., 19. Jahrhunderts bis hin zu Liliencron und Arno Holz. Demgemäß wird bei der Notation von Versmaßen, mit Hilfe etwa von Haken und Strichen wie in der Metrik der alten Sprachen, zwar jede vorgeschriebene Zäsur im Inneren der Verse bezeichnet, aber der ebenso vorschriftsmäßige Kolonschluß am Ende unbezeichnet gelassen: eben weil dieses Erfordernis sich von selbst versteht. Abgesehen vom Blankvers im Drama und vom Hexameter im Epos, die ohne Zeilensprünge wenigstens leichterer Art gar nicht auskommen, gilt von der deutschen Versdichtung doch allgemein: daß man beim Vorlesen nach jedem Vers eine wenigstens kleine Pause setzen kann. Ein Beispiel aus Friederike Kempners Gedichten:

> *Er ist schon fertig, spricht mit Würde:*
> *„Der Wagen steht für uns bereit,*
> *Du bist sehr schön, genug der Zierde,*
> *Mein Kind, es ist die höchste Zeit!"*
> *„Wie glücklich bin ich", ruft sie leise.*
> *„Auch ich", sagt lauter ihr Gemahl,*

„Es macht mich deine Art und Weise
Sehr stolz auf meine gute Wahl!"

Die Strophenform ist seit dem 17. Jahrhundert in der deutschen Lyrik ungemein beliebt, schon Opitz hat sie verwendet, derselbe Martin Opitz, den man den „Vater der deutschen Dichtkunst" genannt und der ja auch wirklich, mit seinem ‚*Buch von der Deutschen Poeterey*‘, die Grundlagen der neueren deutschen Poesie geschaffen hat. Um sich dessen zu vergewissern, muß man sich für ein paar Minuten in jene Zeit des „vorbarocken Klassizismus" am Beginn des 17. Jahrhunderts versetzen – und sich fragen, was denn Verse eigentlich sind.

Am Anfang war das Wort – der Satz, der Text. Den regiert die Grammatik, und wenn er kunstmäßig gestaltet ist, die Rhetorik. Nehmen wir als Beispiel Caesars berühmten Ausspruch *Veni vidi vici*. Drei Aussagen in jeweils zweisilbigen Wörtern, also ein „Isokolon", ohne Verknüpfung durch Partikeln, also „asyndetisch", mit gleichem Anlaut [v], also „alliterierend", geordnet entsprechend der Zeitfolge, zugleich aber mit einer Steigerung, also eine „Klimax" – das ist in drei Wörtern schon allerhand Rhetorik. Aber ein Vers ist Caesars Ausspruch nicht. Ein zweites Beispiel aus dem Zeitalter des Barock: In einem Haus gibt es einen Hund, mit dem sind beide zufrieden, der Herr und die Frau. Der Herr, weil der Hund Einbrecher stellt, die Frau, weil er sich ruhig verhält, wenn ihr Liebhaber sie besucht. Kein schlechter Witz; aber kein Gedicht. Wer daraus ein Gedicht machen wollte, dem fiel die Wahl der Gattung nicht schwer. Ein Lied kam nicht in Betracht; wer möchte einen Witz schon singen? Ein Sonett, vierzehn Verse, war dem Gedanken zu weit. Also: ein Epigramm, ein Sinngedicht, wie es seinerzeit hieß. Von den mancherlei Arten des Epigramms hat sich im 17. Jahrhundert vor allem eine empfohlen: die Grabschrift, hier nun: die komische Grabschrift. Dabei konnte man spaßigerweise den Begrabenen auch selber reden lassen. Aber in welcher Form ließ man eine solche Grabschrift erscheinen? Das hing natürlich von der Sprache ab, deren man sich bedienen wollte. In lateinischer Sprache konnte man sich einer traditionellen Kunstform bedienen: des elegischen Distichons aus Hexameter und Pentameter.

Latratu fures excepi mutus amantes.
Sic placui domino, sic placui dominae.

(Mit Gebell empfing ich die Diebe, aber stumm die Liebhaber.
So gefiel ich dem Herrn, und so auch der Herrin.)

Im Deutschen gab es nichts von dieser Art. Das Epigramm in der Form von Distichen war noch unbekannt, und die Spruchdichtung diente überwiegend der Belehrung oder der Erbauung. Es stand nicht einmal ein passendes Versmaß bereit – jenseits des freien und des strengen Knittelverses, die beide höheren Ansprüchen nicht genügen konnten. Da spricht in einem Totentanz aus der Zeit um 1500 Gott zu den Menschen:

Nu ir menschen haltet mein gebot
das ir moget entrinnen dem ewigen dot,
so gib ich euch dar umb zu lon
in meinem himelreich der eren cron.

Und noch zu Beginn des 17. Jahrhunderts mahnt ein Spruch:

Das böss mit gutem vberwind,
so wirt auss dir ein Gottes kind.

In diese Sprache ließ sich das lateinische Epigramm nicht gut übersetzen. Was also war zu tun? Wenn man auf den Reim nicht verzichten wollte, der ja auch den Franzosen und den Niederländern unentbehrlich schien, konnte man dem antiken Muster doch wenigstens darin folgen, daß man deutsche Verse gleichfalls aus gewissen Füßen zusammensetzte. Gesucht waren Gedichte wie:

Die Diebe lieff ich an, den Buhlern schwig ich stille,
So ward vollbracht deß Herrn vnd auch der Frawen Wille.

Oder:

Die Diebe fuhr ich an, die Buhler ließ ich ein,
So kundten Herr und Frau mit mir zufrieden seyn.

Oder (doppelt so lang, dafür mit doppelter Pointe):

Weil ich mit dem gebell allzeit abtrib den dieb,
Vnd mit stillschweigen half der Frawen gaile[r] lieb,
Gefiel mein dienst so wol dem Herren vnd der Frawen,
Daß nu so künstlich hie mein Grabstein anzuschawen.

Heutzutage, beinahe vier Jahrhunderte später, fällt es nicht leicht, sich vorzustellen, wie schwer es einmal gefallen ist, solche Verse zu machen. Tatsächlich hatte die Erfindung, die wir mit dem Namen Martin Opitz verbinden, eine gewisse Ähnlichkeit mit dem Ei des Columbus. Es mußte nur jemand darauf kommen.

Es gab schon Verse mit einer festen Zahl von schweren Silben, gewöhnlich vier: besonders im volkstümlichen Lied. Es gab auch Verse mit einer festen Zahl von Silben überhaupt, gewöhnlich acht oder neun: zum Beispiel im Kirchenlied. Und hier wie da konnte man immer wieder auch solche Verse finden, in denen auf jeweils eine leichte eine schwere Silbe folgt: die dann von Opitz so genannten „iambici" vom Typus:

Erhalt vns Herr bey deinem wort.

oder die „trochaici" vom Typus:

Mitten wir im leben sind.

Aber das war noch keineswegs die Regel, und die Regel selbst noch nicht bestimmt. Insbesondere fehlte es an einem deutlichen Begriff dessen, was wir heute einerseits „Hebung" und „Senkung", andererseits „betont" und „unbetont" (oder „nicht-betont") nennen. Wobei wir mit „Hebung" und „Senkung" metrische und mit „betont" und „unbetont" sprachliche Erscheinungen bezeichnen. Opitz hat für beides dieselben Termini: „hoch" und „niedrig". Eine Silbe, die im Wort den Ton (oder Akzent) trägt, nennt er „hoch", und eben darum soll sie im Vers „hoch" gesetzt werden – in die Position einer Hebung. Das Entsprechende gilt für die „niedrigen" und „niedrig" zu setzenden Silben.

Damit war freilich erst der Anfang gemacht, es hat noch einige Zeit gedauert, bis gegen Ende des 17. Jahrhunderts jeder Student mit gleicher Leichtigkeit deutsche wie lateinische Verse schreiben konnte. Seitdem aber gibt es auch in unserer Sprache Jamben und Trochäen wie Sand am Meer – und die einfältige Dichterei der Friederike Kempner hebt sich davon nur durch ihre unfreiwillige Komik ab. Auch heute wird noch vielfach in dieser Manier geschrieben, zwar nicht im Feuilleton der *FAZ*, wohl aber in den Anzeigen, die Privatleute für gutes Geld bei Geburten, Hochzeiten und Jubiläen jeder Art in die Zeitung setzen. Eine Probe:

70 Jahre sind es wert,
dass man dich besonders ehrt.
Wir wissen, was wir an dir haben,
auch wenn wir's dir nicht immer sagen.
D'rum wünschen wir dir zu diesem Feste
wirklich nur das Allerbeste.
Gesundheit, Glück und frohe Tage
für die nächsten Lebensjahre.

Im Original sind die Verse, wohl um Platz und Kosten zu sparen, fortlaufend gesetzt, aber auch da kann man leicht erkennen, daß es sich (technisch gesprochen) um Reimpaare aus Vierhebern handelt, teils trochäischen, teils jambischen Gangs, und bis auf das erste Reimpaar mit weiblicher Kadenz. Im Innern der Verse geht es ein wenig holprig zu, und auch die Reime lassen zu wünschen übrig. Immerhin: Man hat sich einige Mühe gegeben, mit Synkopierungen wie *wir's* und *d'rum* das landesübliche Auf und Ab herzustellen versucht, und sich nur nicht getraut, zu diesem Zweck im fünften Vers ein Wort auszulassen: „Drum wünschen wir zu diesem Feste". Obwohl also das Gedicht nicht in jedem Zug den Regeln entspricht, nach denen Martin Opitz seine Glückwünsche eingerichtet hat: als Ganzes gehört es eben doch in diese Tradition. Ja es repräsentiert einen Typus zeitgenössischer Gebrauchslyrik, von der man in der Regel besser versteht, daß sie nicht in Prosa gehalten ist, als im Falle der (um mit Karl Kraus zu reden) allzu freien Rhythmen, die man im Feuilleton unserer Zeitungen zu lesen bekommt.

III

Dort aber, etwa im Feuilleton zum Beispiel der *FAZ*, findet man auch Gedichte einer dritten Art. Sie haben da einen festen Platz in der ‚*Frankfurter Anthologie*' von Marcel Reich-Ranicki, jede Woche eins, und werden Stück für Stück begleitet von einer Interpretation durch eine mehr oder weniger namhafte Persönlichkeit der Literatur oder der Literaturwissenschaft. Hin und wieder läßt sich auch der berühmte Literaturkritiker selbst vernehmen. Im Regelfall handelt es sich um bekannte Gedichte – oder doch um Gedichte eines bekannten Autors, einer bekannten Autorin, und unter diesen immer wieder auch zu Unrecht vergessene Stücke, denen man an dieser Stelle nun zum ersten Mal begegnet. Hin und wieder sind auch freirhythmische Gebilde im Stile Brechts oder Celans zu lesen, etwas öfter schon reimlose Oden der von Klopstock begründeten, von Hölderlin und Platen fortgeführten Tradition. Vor allem aber: Reimgedichte aus Jamben oder Trochäen und größtenteils in Strophen einer wohlbekannten Art. Und da kann man nun auch immer wieder sehen, daß gerade die strengere Form ästhetische Reize bietet, die sowohl dem neumodischen Prosagedicht als auch dem altmodischen Reimspruch vorenthalten bleiben – bleiben müssen. Als Beispiel kann ein Gedicht des jungen Heine dienen, sein ‚*Klagelied eines altdevtschen Jünglings*'. Darin beschreibt ein Göttinger Student das Mißgeschick, das ihm böse Gesellen und holde Mädchen bereitet haben.

Wohl dem, dem noch die Unschuld lacht,
Weh' dem, der sie verlieret!
Es haben mich armen Jüngling
Die bösen Gesellen verführt.

Sie haben mich um mein Geld gebracht
Mit Kniffen und mit Listen;
Es trösteten die Mädchen mich
Mit ihren weißen Brüsten.

Drauf haben sie mich besoffen gemacht,
Da hab' ich gekratzt und gebissen,
Sie haben mich armen Jüngling
Zur Tür hinausgeschmissen.

Und als sie mich an die Luft gebracht,
Bedenke ich recht die Sache,
Da saß ich armer Jüngling
Zu Kassel auf der Wache.

Auf den Tadel eines Kommilitonen, dem Heine das Gedicht vorgelesen hat, soll er geantwortet haben:

Ich weiß wohl, [...] die letzten Reime taugen nicht: ‚gebracht' und ‚Sache', zwei A-Laute hintereinander, das ist nicht gut; aber ich kann's nicht ändern, denn ich muß die Wache am Ende haben. Sehen Sie, das ist nun so ein metrischer Witz: ‚Zu Kassel auf der Wache' ist ganz etwas anderes als ‚Auf der Wache zu Kassel' und [in der ersten Strophe] ‚Es haben mich [armen Jüngling] die bösen Gesellen verführt' auch etwas anderes als ‚Die bösen Gesellen haben mich [armen Jüngling] verführt'. Die Hauptpointe macht der ‚Jüngling'; da fehlt immer ein Fuß, es wird so gezogen.

Das ist allerdings nicht ganz richtig ausgedrückt, es fehlt nur ein halber Fuß, die Fachleute sprechen hier von einer beschwerten Hebung oder einer klingenden Kadenz: mit Betonung auf beiden Silben von *Jüngling*. Die aber wird in diesem Gedicht ermöglicht oder vielmehr erzwungen dadurch, daß der scheinbar dreihebige dritte Vers dem vierhebigen ersten zu entsprechen hat.

In der *‚Frankfurter Anthologie'* hat nun vor wenigen Wochen der Kölner Emeritus Walter Hinck ein metrisch ebenso reizvolles Stück vorgestellt: Herders Gedicht *‚Das Flüchtigste'* aus dem Jahre 1787:

Tadle nicht der Nachtigallen
Bald verhallend-süßes Lied;
Sieh, wie unter allen, allen
Lebensfreuden, die entfallen,
Stets zuerst die schönste flieht.

Sieh, wie dort im Tanz der Horen
Lenz und Morgen schnell entweicht,
Wie die Rose, mit Auroren
Jetzt im Silbertau geboren,
Jetzt Auroren gleich erbleicht.

Höre, wie im Chor der Triebe
Bald der zarte Ton verklingt.
Sanftes Mitleid, Wahn der Liebe,
Ach, daß er uns ewig bliebe!
Aber ach, sein Zauber sinkt.

Und die Frische dieser Wangen,
Deines Herzens rege Glut
Und die ahnenden Verlangen,
Die am Wink der Hoffnung hangen:
Ach, ein fliehend, fliehend Gut!

Selbst die Blüte deines Strebens,
Aller Musen schönste Gunst,
Jede höchste Kunst des Lebens,
Freund, du fesselst sie vergebens;
Sie entschlüpft, die Zauberkunst.

Aus dem Meer der Götterfreuden
Ward ein Tropfen uns geschenkt,
Ward gemischt mit manchem Leiden,
Leerer Ahnung, falschen Freuden,
Ward im Nebelmeer ertränkt;

Aber auch im Nebelmeere
Ist der Tropfe Seligkeit;
Einen Augenblick ihn trinken,
Rein ihn trinken und versinken
Ist Genuß der Ewigkeit.

Das ist nun zwar kein wirklich großes Gedicht aus der an großen Gedichten reichen Goethezeit, aber zum Bewahrenswerten, wie Walter Hinck gesagt hat, gehört es allemal. Einen gehörigen Anteil hat daran die Strophenform, die Wolfgang Kayser „eine verkannte Schönheit" genannt hat (‚*Kleine deutsche Versschule*', S.

44), und zwar aufgrund des Ritardando, das die vierte, sozusagen überzählige, Zeile bewirkt. Darauf hat auch Walter Hinck (in leider etwas pompösen Worten) hingewiesen:

> *Den schnellen Gang der Zeit umschreibt Herder mit dem Bild vom „Tanz" der mythischen Horen, also von Göttinnen der Jahreszeiten, des Zeitenwechsels. Einen tänzerischen Rhythmus meint man auch im Aufbau der vokal- und klangreichen fünfzeiligen Strophen mitzuhören. Dem ersten Vers antworten der vierte und fünfte mit zweifachem Reim, einem Doppelschritt. So entstehen Wortmusik und lebendige Bewegung, die im Gedicht vom „Flüchtigsten", von der Vergänglichkeit Entspannung schaffen und dem Gedanken vom Vorschein der Ewigkeit in der Form den Boden bereiten.*

In der deutschen Lyrik tritt diese Form (wie auch andere Formen der fünfzeiligen Strophe) nicht eben selten auf, in Horst Joachim Franks ‚Handbuch' nimmt sie den Rang 55 ein, die Titel der Beispiele füllen zwei ganze Seiten, und als Muster dient, das wird Sie nicht überraschen: die erste Strophe von Herders Gedicht. In der Einleitung über ‚Fünfzeiler allgemein' kann man lesen:

> *Durch Verdoppelung des vorletzten Verses entsteht so die Hauptform der fünfzeiligen Strophe im Deutschen: ABAAB. Es ist eine unsymmetrisch teilbare Form (Vers 1/2 + 3/5) in der Reimordnung aabab oder xabba. Der verlängerte zweite Strophenteil bewirkt ein bekräftigendes oder dehnendes Ritardando vor dem lösenden Strophenschluß.*

Das ist Wort für Wort richtig. Und da wir schon so hoch im Norden sind, soll auch Theodor Storm nicht fehlen, mit dem Beispiel einer fünfzeiligen Strophe jambischen Ganges, die sowohl in Kaysers ‚Kleiner deutschen Versschule' als auch in Franks großem ‚Handbuch der deutschen Strophenformen' angeführt ist. Sie lautet:

> *Am grauen Strand, am grauen Meer*
> *Und seitab liegt die Stadt.*
> *Der Nebel drückt die Dächer schwer,*
> *Und durch die Stille braust das Meer*
> *Eintönig um die Stadt.*

Das Gedicht ist mit Recht berühmt geworden, auch darum, weil die erste Strophe in fünf Versen nur drei Reimwörter gebraucht und den fünften mit einem beschwerten Auftakt beginnen läßt – also wegen zweier Kunstmittel, die wie geschaffen sind zu dem Zweck, den schweren Druck und die Eintönigkeit der Situation nicht bloß zu behaupten, sondern in Reim und Rhythmus auch darzustellen. Und dazu bedarf es eben einer wie auch immer geprägten Form.

IV

Zum Kanon solcher Formen, und damit komme ich zum Schluß, gehört das elegische Distichon – eine Strophenform zwar nicht im gewöhnlichen Sinne, aber eine Strophenform eben doch, insofern, als viele kürzere oder längere Gedichte aus lauter solchen Zweizeilern aufgebaut sind. Den ersten Vers bildet ein Hexameter und den zweiten ein Pentameter – beides sechshebig daktylische Verse von gleichwohl markant verschiedener Gestalt. Beide, ihrer griechisch-römischen Herkunft gemäß, reimlos. Eben dieser Herkunft verdankt das elegische Distichon seinen Charakter – in Horst Joachim Franks Worten: *Es verlangt eine gehobene Sprache und gemahnt an die Welt [...] der Antike*. Darum auch kann zum Beispiel Mörike in seinem Dialoggedicht ‚*Häusliche Szene*' diese Form mit viel Witz parodieren. In vollem Ernst jedoch hat Goethe sie für seine Römischen Elegien gewählt:

> *Eines ist mir verdrießlich vor allen Dingen, ein andres*
> *Bleibt mir abscheulich, empört jegliche Faser in mir,*
> *Nur der bloße Gedanke. Ich will es euch, Freunde, gestehen:*
> *Gar verdrießlich ist mir einsam das Lager zu Nacht.*
> *Aber ganz abscheulich ist's, auf dem Wege der Liebe*
> *Schlangen zu fürchten und Gift unter den Rosen der Lust,*
> *Wenn im schönsten Moment der hin sich gebenden Freude*
> *Deinem sinkenden Haupt lispelnde Sorge sich naht.*
> *Darum macht Faustine mein Glück; sie teilet das Lager*
> *Gerne mit mir und bewahrt Treue dem Treuen genau.*

(Übrigens sieht man bereits an den Satzzeichen, daß ein Zeilensprung zwar oftmals nach dem Hexameter, kaum je aber nach dem Pentameter vonstatten geht.) Im Gespräch mit Eckermann,

1824, über *zwey höchst merkwürdige Gedichte*, darunter eine vorsorglich unterdrückte ‚Römische Elegie', hat Goethe bemerkt:

> *es liegen in den verschiedenen poetischen Formen geheimnißvolle große Wirkungen. Wenn man den Inhalt meiner Römischen Elegien in den Ton und die Versart von Byrons* [komischem Epos] *Don Juan übertragen wollte, so müßte sich das Gesagte ganz verrucht ausnehmen.*

Der Ton ist, um es in einem Wort zu sagen, scherzhaft, und die Versart ist die Stanze, wie auch Ariost sie verwendet hat und wie Goethe selbst sie im zweiten der höchst merkwürdigen Gedichte verwendet, dem Erotikon ‚*Das Tagebuch*', einer freizügigen Verserzählung um Ehebruch und Impotenz – mit einem gleichwohl höchst erbaulichen Epilog, der nun auch den Schluß meiner Rede bilden soll.

> *Und weil zuletzt bei jeder Dichtungsweise*
> *Moralien uns ernstlich fördern sollen,*
> *So will auch ich in so beliebtem Gleise*
> *Euch gern bekennen, was die Verse wollen:*
> *Wir stolpern wohl auf unsrer Lebensreise,*
> *Und doch vermögen in der Welt, der tollen,*
> *Zwei Hebel viel aufs irdische Getriebe:*
> *Sehr viel die Pflicht, unendlich mehr die Liebe.*

Horst Joachim Frank

Rede des heute Fünfundsiebzigjährigen

Ja, es läßt sich nicht verhehlen
lieber möcht' ich wen'ger zählen,
doch nichts anderes ergibt sich:
ich bin wirklich fünfundsiebzig.

Es ist das Jahr zweitausenddrei,
ich bin immer noch dabei.
Als jung ich war an Lebensjahren
unbekümmert, unerfahren,
schien mir ein jeder über fünfzig,
schon abgetan und unvernünftig.
Nur die Jugend hat das Sagen!
Laßt die Alten man sich plagen.
Doch weiter auf der Lebensreise
wurd' auch ich allmählich weise,
erhöhte sacht die Altersschwell'
erst auf sechzig und dann schnell
auf die siebzig und darüber.
Und jetzo wär' es mir noch lieber,
die Achtzig gält als Minimum
für des Menschen Altertum.
Wie oft hör ich in diesen Tagen,
daß viele mich auf einmal fragen:
„Wie fühlt man sich mit fünfundsiebzig?"
Ich zögre dann. „Ja, manches gibt sich
an Sorgen und an Pflichten auch.
Etwas runder wird der Bauch.
Zum Lesen braucht man stets 'ne Brille,
und störrisch wird wohl auch der Wille.
Was besonders nun geschwächt ist,
das ist leider das Gedächtnis!"

Ich wußt' es doch und komm nicht drauf.
Da droben liegt es doch zuhauf:
die Wort', das Datum und die Zahl,
und das Grübeln wird zur Qual.
Betroffen fragst du dann die Dame:
„Ah, wie war doch gleich der Name?"
Doch je weiter weg du gehst,
gräbst in der Erinnerung Spuren,
dann beleben sich die Fluren.
Und mit einmal dann du stehst
in den einst erlebten Tagen.
Und ich hör den Spieß dann sagen:
„So nehm'n Sie endlich Haltung an!"
Und ich steh stramm, erst fünfzehn Jahr.
„Der Führer braucht jetzt jeden Mann.
Drum ans Geschütz, das ist doch klar!"
Doch dieser Spieß, ein Menschenschinder!
Mein Gott, wir waren doch noch Kinder!
Wir sind noch mal davongekommen,
wenn auch etwas mitgenommen.
Die Gefangenschaft war leidlich,
zurück zur Schule und dann fleißig
gepaukt noch für das Abitur,
bei Kerzenschein und auf dem Flur
in warmen Sachen eingehüllt,
wird der Wissensdurst gestillt.

Da seh ich schon das nächste Bild:
War ein Student vom Holstenland,
kam heiter an den Neckarstrand
zu studieren die Poeten.
Doch in Sengles Seminar
erging es peinlich dem Scholar.
Er ward geprüft und wußt' nicht weiter.
„Mein junger Freund", sprach Sengle heiter,
„um zu greifen nach den Sternen,
gibt's für Sie noch viel zu lernen!" –

Ich sag's zum Trost für alle Jungen,
denn auch mir ist's dann gelungen.
Ein neues Bild: Ich steh am Hafen
und bin noch längst nicht ausgeschlafen.
Die Schicht beginnt, ein Schiff legt an.
„Nu geiht dat los, he Tallymann!"
Geschützt von schmutziggrauen Planen
rollt jetzt das Band mit den Bananen.
Büschelweise kommen sie,
du wuchtest sie dir auf das Knie
und stapelst auf sie im Waggon.
Schwer verdient ist dieser Lohn.
Doch abends dann im Freizeitrock,
da bist Du wieder im Barock
und plagst Dich mit Autographen,
von ferne noch hörst Du den Hafen.
So reiht sich also Bild an Bild.
Was schon längst dein Herz erfüllt,
steht mit dir am Traualtar.
Und wir sag'n von Herzen „Ja!"
Daß der Lebensbund gelinge,
tauschen wir die goldnen Ringe.
Sie sollen für ein Leben reichen
und sie tun's und sind die gleichen
nun schon bald fast fünfzig Jahr
sind wir doch ein glücklich Paar.

Der Himmel gab uns seinen Segen.
Die Hochzeitsreis' begann im Regen.
Fast hätten wir die Helm' vergessen.
Im Motorroller aufgesessen,
so fahren wir ins Nachbarland
und bald sind wir in Hennestrand.
Das Klepperzelt wird aufgebaut
und ans Kochen geht die Braut.
Holt aus dem Gepäck sich warme Tücher
und was sieht sie: Bücher, Bücher!

„Bist Du ganz von Gott verlassen?
Fährst mich erst auf nassen Straßen,
im Zelt nun Bücher zentnerweise.
Das ist mir 'ne Hochzeitsreise!"
Und eh' ich mich es ganz versah,
war der erste Krach schon da!

Der letzte ist es nicht geblieben.
Doch Steine, die sich oft gerieben,
werden langsam rund und glatt.
Und bei Menschen, die sich lieben,
weiß jeder, was er an dem andern hat.
Welch Glück für mich, darf ich bekunden,
Daß ich dann so 'ne Frau gefunden!

Ein altes Wort von den Chinesen,
ich hab' es wiederholt gelesen,
macht dreierlei dem Mann zur Pflicht,
sonst käm' er in den Himmel nicht:
Erstens daß ein Kind er zeuge
und es dann auch nicht bereue.
Zweitens daß ein Haus er baue,
ehe noch sein Haar ergraue.
Und drittens daß ein Buch er schreibe
oder wenn er's anders treibe,
weil solches ihm gelänge kaum,
so pflanze er doch einen Baum!

Heute kann ich es berichten,
daß von allen diesen Pflichten
ich hab erfüllt des Lebenssoll,
in Wahrheit sogar übervoll.
Inzwischen wurden ungelogen,
vereint drei Kinder großgezogen.
Mit der Kelle von der Hand
ein zweites Häuschen noch erstand.

Und Bäume gar verschiedner Arten
gedeihen heute in dem Garten.
Und endlich gar das Bücherschreiben!
Die Frau kann es schon nicht mehr leiden.
Auch sie erwartet längst gespannt,
daß fertig wird der dritte Band.
„Das sag ich Dir, mein lieber Mann:
Den vierten fängst erst gar nicht an!"
Sie hat ja Recht. Wer weiß, wie weit
wird reichen noch die Lebenszeit?

Und so, um niemand zu verdrießen,
will meine Rede jetzt ich schließen.
Nicht ohne doch, sei' s noch so späte,
ein kluges Wort vom alten Goethe.
Ich hab's im Alter mir erkoren
und immer klingt's mir den Ohren:
Noch ist es Tag,
da rühre sich der Mann.
Die Nacht tritt ein,
wo niemand schaffen kann.

Letzter öffentlicher Vortrag
2005

Horst Joachim Frank

‚*Er war für den Husumer Deich, ich war für die Londonbrücke'. Theodor Storm – Theodor Fontane: Respekt und Widerspruch*

Beide haben einen großen Namen in der deutschen Literatur des 19. Jahrhunderts: der Schleswig-Holsteiner Theodor Storm und der zwei Jahre jüngere Theodor Fontane aus der Mark Brandenburg. Beide schrieben Gedichte und Erzählungen, aber Storms Prosakunst drängte zur Novelle, die Fontanes zum Roman. Sie lernten sich persönlich kennen um die Mitte ihres Lebens und blieben einander dann lebenslang verbunden. Beide hatten manche Freunde, einander wurden sie es nie. *Wir waren zu verschieden*, bekannte Fontane. *Er war für den Husumer Deich, ich war für die Londonbrücke.* Sie haben einander respektiert, doch in ihren Überzeugungen widersprochen. Bevor wir ihr sonderbares Verhältnis zueinander näher betrachten, seien die biographischen Fakten kurz in Erinnerung gebracht.

Der Husumer Rechtsanwalt Storm hat nach dem Scheitern der Schleswig-Holsteinischen Erhebung seine Heimat 1853 verlassen, weil er dem seiner Überzeugung nach verfassungsbrüchigen König Frederik VII. nicht den Treueid schwören wollte. So mußte er mit der Familie in der Fremde sein Auskommen suchen. Er fand, nachdem andere Bewerbungen erfolglos geblieben waren, zunächst eine Anstellung als Gerichtsassessor in Potsdam, dies ohne Gehalt; sein Vater mußte für den Unterhalt aufkommen. Nach drei Jahren erst erhielt er eine besoldete Stelle als Kreisrichter in Heiligenstadt südöstlich von Göttingen im Eichsfeld. Acht Jahre hat er hier mit seiner wachsenden Familie gewirkt, hatte sich schon fast damit abgefunden, hier für den Rest seines Lebens zu bleiben, als mit dem Krieg von 1864 die dänische Herrschaft in Schleswig-Holstein endete und die Husumer ihn zu ihrem neuen Landvogt wählten. Noch im selben Jahr kehrte er mit den Seinen in die Heimat zurück und übernahm dieses Amt. Als bald darauf Schleswig-Holstein preußisch wurde, was eine Trennung von Administration und Justiz zur Folge hatte, entschied er sich für das Richteramt. Dreizehn Jahre lang hat er dann als Amtsrichter in Husum gewirkt; es sind zugleich die produktivsten Jahre seines literarischen Schaffens. Nach seiner Pensionierung verließ er zur allgemeinen Überraschung seine Vaterstadt und zog sich nach Hademarschen in ein neues Heim zurück. 1888 ist er hier einundsiebzigjährig kurz nach Vollendung des ‚*Schimmelreiters*' an Magenkrebs gestorben. Seine letzte Ruhe fand er in der Familiengruft in seiner Vaterstadt.

In Neuruppin, wo sein Vater eine Apotheke hatte, zur Welt gekommen, war auch Theodor Fontane zunächst Apotheker geworden, bis er schließlich den ungeliebten Beruf aufgab und den Entschluß faßte, als „freier Schriftsteller" von der Feder zu leben. Das war schwieriger, als er gedacht hatte, zumal er inzwischen geheiratet und für eine kleine Familie zu sorgen hatte. So nahm er gern den Auftrag an, als Korrespondent für die ‚*Preußische Zeitung*' nach London zu gehen, zumal sich ihm hier eine interessantere Welt erschloß als in Berlin und der heimischen Mark. Er war kürzlich aus London nach Berlin zurückgekehrt, als er 1853 hier den Stellung suchenden Theodor Storm kennenlernte. Fontane ist zwei Jahre später erneut und für längere Zeit als preußischer Korrespondent nach England gegangen. Nach Beendigung seines Auftrags nach Berlin zurückgekehrt, war er froh, schließlich eine feste Anstellung in der Redaktion der ‚*Kreuzzeitung*' zu finden, obwohl deren erzkonservative Tendenz seinen politischen Überzeugungen im Grunde widersprach. Doch die gesicherte Stellung gab ihm Zeit, sich in Ruhe seinen schriftstellerischen Arbeiten widmen zu können, insbesondere den nun begonnenen ‚*Wanderungen durch die Mark Brandenburg*', deren Vorwort zum ersten Band mit dem schönen Satz beginnt: *Erst die Fremde lehrt uns, was wir an der Heimat besitzen.*

In den folgenden Jahren verfaßte er Bücher zum Schleswig-Holsteinischen und zum Deutsch-Französischen Krieg. Doch erst im Alter betrat er zu sein eigentliches Feld: den Roman. Er war fast sechzig, als sein erster Roman ‚*Vor dem Sturm*' erschien. Den uns hierzulande besonders naheliegenden Roman ‚*Unwiederbringlich*' schrieb der Siebzigjährige. Damals lebte Storm nicht mehr, der mithin manch großen Roman Fontanes nicht mehr kennengelernt hat. Der Märker hat den Husumer um ein Jahrzehnt überlebt. In seinem letzten Lebensjahr erschien als Buch sein letzter Roman ‚Der Stechlin'. Fast achtzigjährig ist Fontane 1898 in Berlin gestorben. Sein Grab auf dem Friedhof der Französischen Gemeinde an der Liesenstraße wurde 1945 im Artilleriefeuer verwüstet, später zu seinem Gedenken aber wieder hergerichtet.

Wie haben sie sich eigentlich kennengelernt: die beiden Kollegen gleichen Vornamens und so verschiedenen Wesens? Im Dezember 1852 war Storm nach Berlin gereist, um im preußischen Staatsministerium wegen seiner unbeantwortet gebliebenen Bewerbung vorstellig zu werden. Vergeblich hatte er an vielen Stellen seine Aufwartung gemacht und war nur vertröstet worden:

Die fremde Stadt durchschritt ich sorgenvoll,
Der Kinder denkend, die ich ließ zu Haus.

Sollte sein Lebensweg in diese Fremde münden? Dennoch: Es gab Berliner, denen er kein ganz Fremder mehr war. Der dortige Verleger Duncker hatte im Jahr zuvor seine ‚*Sommergeschichten und Lieder*' herausgebracht und bald darauf die frühe Novelle ‚*Immensee*' in einer Separatausgabe. So war man auch hier auf ihn aufmerksam geworden – „man": das waren die Mitglieder eines literarischen Zirkels mit dem sonderbaren Namen ‚*Tunnel über der Spree*'. Durch Vermittlung seines Verlegers wurde Storm mit Franz Kugler bekannt gemacht, Professor an der Kunstakademie, in dessen Haus in der Friedrichstraße sich junge Künstler, Dichter und Gelehrte trafen. Hier lernte Storm Kuglers künftigen Schwiegersohn kennen, den jungen, aus Lübeck stammenden Dichter Paul Heyse, seinen lyrischen Kontrahenten, sodann den Maler Adolph Menzel und nun eben auch Theodor Fontane. Sie alle waren Mitglieder des schon erwähnten Literaturklubs ‚*Tunnel über der Spree*', dessen Mitglieder sich wöchentlich im geschlossenen Raum eines Berliner Kaffeehauses trafen, wo sie sich bei Kaffee und Kuchen eigene Gedichte vorlasen und gegenseitig kritisierten. Storm wurde eingeladen, das nächste Mal gleich nach Neujahr dabei zu sein. Natürlich sagte er nicht nein. Indessen die Atmosphäre eines solchen Kaffeehauses war dem Husumer ungewohnt, das laute Treiben und der Rauch mißfielen ihm.

An diesem Sonntag trug Franz Kugler eine Ballade vor, die ein Liebesverhältnis zwischen Bruder und Schwester behandelte. Man fand das Gedicht verfehlt, am schärfsten urteilte aber der neue Gast aus Husum, der darin „die schwüle Stimmung" vermißte. Das war zwar ehrlich, aber im Blick auf Storms Gastgeber Kugler nicht gerade höflich. Wir sind bei einem der Wesenszüge Storms, seiner Unverbindlichkeit im Gegensatz zu Fontanes toleranter Verbindlichkeit. Wie schrieb Storm bald darauf unter dem Eindruck der Berliner Erfahrungen?

> *Blüte edelsten Gemütes*
> *Ist die Rücksicht; doch zu Zeiten*
> *Sind erfrischend wie Gewitter*
> *Goldne Rücksichtslosigkeiten.*

Wenn er Kuglers Gedicht so schlecht finde, wurde ihm entgegen gehalten, dann solle er zum selben Thema gefälligst ein besseres machen! Das tue er auch, erwiderte er trotzig; zur nächsten Sitzung werde er es liefern. Freilich mußte er wenige Tage später abreisen. Doch hielt er sein Versprechen, schrieb in Husum seine Ballade ‚*Geschwisterblut*' und schickte sie dem ‚*Tunnel*' ein. Auf der nächsten Sitzung des Zirkels wurde sein Gedicht vorgelesen, erregte Aufsehen und entfesselte eine lebhafte Debatte. Die einen waren begeistert, die anderen sittlich empört. Storm rechtfertigte sich schriftlich:

> *Die Darstellung der Leidenschaft darf nicht dadurch geschwächt werden, daß der Dichter sie zuletzt noch in irgendeiner Weise einem sittlichen Motiv unterordnet.*

An Selbstbewußtsein hat es dem Lyriker Storm nie gefehlt. Verfolgen wir diesen seinen Wesenszug im Blick auf Fontane weiter. Als Monate später die Nachricht in Husum eintraf, das preußische Justizministerium sei bereit, Storm zunächst als Volontär ohne Gehalt einzustellen, reiste er erneut nach Berlin und nahm in Kuglers Haus Quartier. Dazu ein Hinweis: Aus den Mitgliedern der Tunnelgesellschaft hatte sich ein engerer Kreis gebildet, der sich ‚*Rütli*' nannte und in Kuglers Haus traf. Bei der nächsten Zusammenkunft kam es zu einer ungewohnten Verstimmung. Jüngst war ein neuer Lyrikband des auch in diesem Kreise hochverehrten, inzwischen nach München berufenen Emanuel Geibel herausgekommen, und man sprach darüber im ‚Rütli'. Fontane hat aus der Erinnerung die Szene geschildert. Mit seiner entschiedenen Ablehnung Geibels habe Storm nicht hinterm Berg gehalten:

> *Wohlklang, Geschmack, gefällige Reime – von eigentlicher Lyrik aber kann kaum die Rede sein und von Liebeslyrik nun schon ganz gewiß nicht.*

Und dann habe Storm dagegen seinen eigenen Begriff von Lyrik gestellt, um deutlich zu machen, wie echte Liebeslyrik beschaffen sein müsse. *In zwei Strophen von mir* ... Aber da sei Kugler ihm ins Wort gefallen, der es nicht leiden konnte, seinen früheren Schützling derart verurteilt zu hören:

> *Nein, lieber Storm, [...] nicht so. Geibel ist unser aller Freund, und wie ich bisher annahm, auch der Ihrige, und einen anderen tadeln, bloß weil er's anders macht als man selber, das geht nicht.*

Fontane hat das für Storm Kennzeichnende dieser Szene aus der Erinnerung deutlich gemacht. Zwar habe Storm mit seinem Urteil über Geibels Lyrik Recht gehabt, das Ärgerliche sei aber seine anmaßende Selbstgefälligkeit gewesen, mit der er entschieden verwarf, was nicht seinem eigenen Begriff „echter" Erlebnislyrik entsprach.

Die Meinungsverschiedenheit mit Kugler konnte bald beigelegt werden. Indessen zeichneten sich nun Differenzen mit Fontane ab. Als Storm in ihren Kreis eintrat, planten Kugler und Fontane die Herausgabe eines belletristischen Jahrbuchs ‚*Argo*' mit dem *Charakter eines norddeutschen Musen-Almanachs*, für das sie nach geeigneten Beiträgen Ausschau hielten. Da gab es in Kiel einen jungen Dichter, der kürzlich eine ganze Sammlung neuartiger niederdeutscher Gedichte unter dem Titel ‚*Quickborn*' herausgebracht hatte. Storm wurde um Vermittlung gebeten; danach wandte sich Fontane direkt an Klaus Groth mit der Bitte um Prosabeiträge. Und wie stand es mit ihrem neuen Husumer Freund selbst? Dieser erklärte sich zur Mitarbeit bereit und stellte für das Jahrbuch neben einigen Gedichten seine jüngste Erzählung ‚*Ein grünes Blatt*' zur Verfügung. Sie wurde gern angenommen, doch den angefügten Epilog mit seinen Wendungen von der *Zeit der schweren Not* und der *Blütezeit der Schufte* konnte man nicht akzeptieren. Aus ihnen klang Storms Erbitterung über jene, die die Erhebung scheitern ließen und nun willfährig die Integration Schleswigs betrieben. Gescheitert war ja die Erhebung, weil Preußen sich dem Druck der Großmächte gebeugt hatte. Darum würde man Storms Verse in preußischen Regierungskreisen – in allem, was Schleswig-Holstein betraf, inzwischen empfindlich geworden – als Vorwurf auffassen. Und darauf konnten die Herausgeber der ‚*Argo*' es nicht ankommen lassen. *Weil jene Verse – wie Fontane nach Husum schrieb – für Geheime Regierungsräte, Schulräte und ähnliche Leute eben nur a l l z u   klar geschrieben seien, könnten sie es in ihren respektiven Stellungen nicht riskieren, die Äußerungen solches Grimms auf ihre Kappe zu nehmen.* Storm gab nach, und so wurde die Erzählung ohne jenen Epilog gedruckt.

Aber der Vorgang war geeignet, Storm in seiner bereits vorgefaßten Meinung über Preußen, seine Hauptstadt und ihre Gesellschaft zu bestätigen. Selbst Geister wie Kugler und Fontane mußten also literarisch auf die dortigen Herrschaftsverhältnisse Rücksicht nehmen, statt *goldne Rücksichtslosigkeiten* – Storms schon zitiertes Lieblingswort – walten zu lassen! Der in dem zwar kleinstädtischen, aber freiheitlich denkenden Husumer Bürgertum groß gewordene Dichter hatte in der preußischen Metropole eine andere Mentalität wahrgenommen. Über diese „Berliner Luft" mögen beide schon bei seinem ersten Aufenthalt gesprochen haben, nun entspann sich daraus zwischen Storm und Fontane ein brieflicher Disput über Preußen und den Geist seiner Hauptstadt. Man habe ihn zwar in Berlin fast überall gastfreundlich aufgenommen, schrieb Storm, gleichwohl empfinde er in der *Berliner Luft* etwas, das seinem Wesen widerstehe:

> *Es ist, meine ich, das, daß auch in den gebildeten Kreisen man den Schwerpunkt nicht in die Persönlichkeit, sondern in Rang, Titel, Orden und dergleichen Nipps legt, für deren verhältnismäßige Würdigung mir, wie wohl den meisten meiner Landsleute, jedes Organ abgeht.*

Der Schleswiger hatte in Berlin etwas erfahren, was seinem bürgerlich-demokratischen Selbstbewußtsein widerstrebte, witterte er doch hinter jenen gesellschaftlichen Zwängen die Dominanz eines autoritären, den Adel favorisierenden, hierarchischen Staatswesens. Es scheine ihm, fügte er hinzu, *im g a n z e n die goldne Rücksichtslosigkeit zu fehlen, die allein den Menschen innerlich frei macht* und die doch *das letzte und höchste Resultat jeder Bildung sein müsse.* Dies war ein harter Vorwurf. Fontane empfand ihn als ungerecht und fühlte sich aufgerufen, die Stadt, in der er lebte, dagegen in Schutz zu nehmen.

> *Es gibt nirgends in der Welt, auch in Frankreich nicht, so wenig eine „exklusive Gesellschaft" wie hier bei uns. Geburt, Reichtum, Rang, Talent und Wissen vertragen sich hier in wunderbarer Weise, und Graf Arnim, mit einem halben Fürstentum hinter sich, verkehrt mit dem Lokomotivbauer Borsig und mit Prof. Dove völlig ebenso wie mit seinesgleichen.*

Storms radikale *Egalité-Chimäre,* wie er es nannte, war Fontane zuwider. In ihm regte sich der angestammte Preuße, und ärgerlich fügte er hinzu, daß man in seinem Lande von diesem *Nivellement* bereits zuviel habe und an jener Mißachtung des Überkommenen (*Impietät*) leide, die aufs Neue der *Ankergrund der Revolution* sein könne. Storm erwiderte provozierend:

> *Fragen Sie Ihren Grafen Arnim doch einmal, ob er dem Prof. Dove oder dem Maschinenbauer Borsig auch seine Tochter zur Ehe geben wolle!*

Er verlange das keineswegs unbedingt von dem Grafen, aber es sei *jedenfalls ein Probierstein für das Nivellement.* Storm fügte einen von ihm formulierten Grundsatz hinzu:

> *Ein junger Mann sollte zu stolz sein, in einem Hause zu verkehren, wovon er bestimmt weiß, daß man ihm die Tochter nicht zur Frau geben würde.*

Was Storm damals bewegte und als Lebensmaxime von den Seinen beherzigt sehen wollte, formte er damals lehrhaft zu seinem Gedicht:

> *Für meine Söhne*
> *Hehle nimmer mit der Wahrheit!*
> *Bringt sie Leid, nicht bringt sie Reue;*
> *Doch, weil Wahrheit eine Perle,*
> *Wirf sie auch nicht vor die Säue.*

In diesen einprägsamen Versen mit ihren biblischen Anspielungen kehrt das Wort von den zuweilen gebotenen *Rücksichtslosigkeiten* ebenso wieder wie jene Mahnung (*Wo zum Weib du nicht die Tochter ...*). Einen Nachklang an das in Berlin Erlebte liegt wohl auch in den Mahnungen vor *Artigen Leutseligkeiten* und dem *Karriere-Machen*. Prägnant in Stormscher Weise schließt das Gedicht:

> *Halte fest: du hast vom Leben*
> *Doch am Ende nur dich selber.*

Mit jenen Briefen endete der Disput keineswegs, sondern wurde, als Storm in Potsdam wohnte, mündlich fortgesetzt. Das Ministerium hatte ihm freigestellt, sich für sein Volontariat einen Gerichtssitz irgendwo in der Provinz zu suchen. Er entschied sich für Potsdam, um dem ‚Rütli' nahe zu bleiben, und so zog er mit seiner Familie dorthin. Er habe dort eine gute Wohnung gefunden und gute Beziehungen, erinnert sich Fontane.

> *Er hätte zufrieden sein können, aber er war es nicht und zog es vor, obschon er ganz unpolitisch war, mehr oder weniger den politischen Ankläger zu machen. Mit seiner kleinen, feinen Stimme ließ er sich über das Inferiore preußischen Wesens ganz unbefangen aus und sah einen dabei halb gutmütig, halb listig an, immer als ob er fragen wolle. „Hab' ich nicht recht?"*

Allerdings werde Preußen von vielen als ein *Schrecknis* empfunden, räumt Fontane ein, von Storm *aber ganz besonders stark*. So habe er, erinnert sich Fontane weiter, *zahllose Gespräche mit ihm über dieses diffizile Thema gehabt*. Fontane dürfte seinem Gesprächspartner dabei zwar entgegen gekommen sein, blieb dabei aber seiner Überzeugung treu und stellte diese dem Schleswig-Holsteiner nun entgegen.

Vieles in „Berlin und Potsdam" war immer sehr ledern und ist es noch; wenns aber zum Letzten und Eigentlichsten kommt, was ist dann, um nur e i n halbes Jahrhundert als Beispiel herauszugreifen, die ganze schleswig-holsteinische Geschichte neben der Geschichte des Alten Fritzen! Allen möglichen Balladenrespekt vor König Erich und Herzog Abel, vor Bornhöved und Hemmingstedt; aber neben Hochkirch und Kunersdorf [...] geht doch dieser ganze Kleinkram in die Luft.

Ich möchte im Hinblick auf diese Äußerung Karl Ernst Laage, den bekannten Storm-Forscher, zitieren, der zutreffend bemerkt:

Fontane und Storm – das wird hier deutlich – urteilen aus ganz verschiedenen Perspektiven, und von daher erklären sich ihre Meinungsverschiedenheiten.

Fontane hat die patriotisch-heroische Geschichte Preußens im Auge.

Storm richtet seinen Blick mehr auf die inneren Zustände des Staates, auf Standesgrenzen und Standesdünkel, auf das soziale Miteinander der Menschen.

Ich muß hier eine Zwischenbemerkung machen. Sie betrifft den Demokraten Theodor Storm. Im Zuge der Erhebung von 1848 war von der Verfassunggebenden Landesversammlung in Kiel auf der Grundlage der Volkssouveränität und in Anlehnung an die Beratungen in der Frankfurter Paulskirche ein Staatsgrundgesetz für Schleswig-Holstein beschlossen worden, das man im Rückblick als eine der liberalsten Verfassungen der Revolutionszeit bezeichnen darf. Die politische Entwicklung machte es dann zunichte. Als dann 1864 der Krieg mit der Niederlage Dänemarks eine Wende ankündigte, erhoffte sich Storm wie viele seiner Landsleute ein Schleswig-Holstein als selbständigen deutschen Bundesstaat, und zwar unter dem Erbprinzen Friedrich von Schleswig-Holstein-Sonderburg-Augustenburg als konstitutionellen Regenten gemäß jener Verfassung. Bismarcks Politik hat diesem Wunsch bekanntlich die Erfüllung versagt; Schleswig-Holstein wurde eine Provinz des Königreichs Preußen. Storms Hoffnungen gingen damals ursprünglich weiter. Er verstand sich als Demokrat und Republikaner. Bekannt ist ja seine Adelsfeindschaft, die sich auch in vielen seiner Erzählungen niedergeschlagen hat. Ich erinnere nur an die Novellen ‚*Im Saal*' und ‚*Aquis submersus*'. Als nun das Jahr 1864 die Wende brachte, wurden im Dichter die Ideen der 1848er Revolution wieder lebendig. Mit seinem Husumer Freund Hartmuth Brinkmann führte er hierüber einen lebhaften Disput, doch dieser vermochte ihm in seinem Hass auf die Vormachtstellung des Adels und seine Kirchenfeindlichkeit, mit der er schon bei vielen angeeckt war, nicht zu folgen.

> *Du meintest einmal bei meinem letzten Besuch, Du könntest das Herunterreißen des Adels nicht haben; ich sage Dir, der Adel (wie die Kirche) ist das Gift in den Adern der Nation.*

Der bevorstehende Kampf sollte seiner Heimat nicht nur die Freiheit zurückgeben, sondern als ein Kampf *zwischen der alten und neuen Zeit* in Schleswig-Holstein eine politische Neuordnung mit der Abschaffung aller Adelsprivilegien heraufführen. Und was war mit dem „Augustenburger", der doch von so vielen als Herzog ersehnt wurde? Seinen Eltern entgegnete der Dichter: *Der Herzog ist, wie alle Gekrönten, meinem demokratischen Herzen eine sehr gleichgültige Person.* Und dann setzte er in Versen hinzu:

> *Und haben wir unser Herzoglein*
> *Nun erst im Lande drinnen,*
> *Dann wird, mir kribbelt schon die Faust,*
> *Ein ander' Stück beginnen.*
> *Der Junker muß lernen den schweren Satz,*
> *Daß der Adel in unsern Zeiten*
> *Zwar allenfalls ein Privatplaisir,*
> *Doch sonst nichts hat zu bedeuten.*

Auch hierin vermochte Fontane dem entschiedenen Demokraten und Republikaner Storm nicht zu folgen.

Kehren wir noch einmal zurück in die fünfziger Jahre. Storm hatte mit den Seinen in Potsdam eine Wohnung bezogen und fuhr, so oft es ihm seine Mittel erlaubten, mit der Bahn nach Berlin. Doch dann und wann kamen die ‚*Rütli*'-Genossen auch zu ihm auf Besuch. Und hierbei gewann die Meinungsverschiedenheit zu Fontane aus dessen Sicht eine weitere Nuance. Er erinnert sich: *Storm war ein sehr liebenswürdiger Wirt, sehr gastlich, und seine Frau, die schöne ‚Frau Constanze', fast noch mehr.* Man habe in dem kleineren Kreis stets angenehme, lehrreiche und fördernde Gespräche geführt, wobei Storm dann nicht nur über dichterisches Schaffen überhaupt, sondern ausnahmsweise auch speziell über sein eigenes sprach. *Ich habe,* erinnert sich Fontane weiter, *bei Behandlung solcher Themata, keinen anderen so Wahres und so Tiefes sagen hören.* Aber dann habe ihm etwas entschieden mißfallen:

> *In Storms Potsdamer Hause ging es her wie in dem öfters von ihm beschriebenen Hause seiner Husumer Großmutter, und was das Schlimmste war, er war sehr stolz darauf und sah in dem, was er einem als Bild und Szene gab, etwas ein für allemal „poetisch Abgestempeltes". Das Lämpchen, der Teekessel, dessen Deckel klapperte, die holländische Teekanne daneben, das alles waren Dinge, darauf nicht bloß sein Blick andächtig ruhte – das hätte man ihm gönnen können –, nein, es waren auch Dinge, die gleiche Würdigung von denen erwarteten, die, weil anders geartet, nicht viel davon machen konnten und durch das Absichtliche darin ein wenig verstimmt wurden. So habe Storm ganz ernsthaft geglaubt, daß eine wirkliche Tasse Tee nur aus seiner Husumer Kanne kommen könne.*

Was Fontane hier als *Provinzialsimpelei* bezeichnet, hat er dann zu dem berühmt-berüchtigten, von vielen Literaturgeschichten wiederholten Vorwurf der *Husumerei* erhoben. Storms ausgeprägte Betulichkeit war Fontane auf die Nerven gegangen, sein selbstsicheres Aburteilen hat ihn gereizt. Noch in der Erinnerung wird dies wieder wach. Und so urteilt auch er mit einer ihm sonst fremden Einseitigkeit. Daß Storm für alles Großartige, nicht zuletzt der preußischen Geschichte, so gar kein Verständnis gehabt habe, läge eben an seinem *verengten Horizont*:

an seiner das richtige Maß überschreitenden, lokalpatriotischen Husumerei, die sich durch seine ganze Produktion – auch selbst seine schönsten politischen Gedichte nicht ausgeschlossen – hindurch zieht.

So bringt Fontane beider Gegensatz überspitzt auf jene Formel, die ich meinen Ausführungen vorangestellt habe: *Wir waren zu verschieden. Er war für den Husumer Deich, ich war für die Londonbrücke.*

Halten wir an diesem zentralen Punkt einen Augenblick inne. Sieht man einmal davon ab, dass Fontanes Urteil über die *ganze Produktion* Storms, zumal hinsichtlich seiner späteren Dichtung, die doch inzwischen vorlag, entschieden fehl geht, so begriff er nicht den tieferen Grund für Storms sonderbare *Husumerei*, nämlich das Bemühen, wenigstens in seinen vier Wänden jenen Lebensraum zurückzugewinnen, in dem er aufgewachsen war, den er hatte preisgeben müssen und den er doch für seine Geborgenheit wie für sein Schaffen benötigte. Jener Hausrat, mit dem er aus Husum hierher nach Potsdam umgezogen war, mitsamt *Theekessel und Theekanne* und deren ritualisierter Gebrauch, das war für ihn ein Rest in die Fremde herübergerettete Heimat.

Obwohl seine Kollegen und zumal der Direktor des Potsdamer Kreisgerichts Karl Gustav v. Goßler dem Flüchtling aus Schleswig-Holstein rücksichtsvoll begegneten, hat Storm noch im Nachhinein die Dienstjahre in Potsdam als die drückendste Zeit seines Lebens empfunden. Hinzu kam ein Gefühl der Unfreiheit. Als Anwalt in Husum hatte er sich seine Arbeitszeit selbst einteilen können, nun war er nichts als *ein bloßes Rad in der Staatsmaschine*. Die *Arbeits-Hetzjagd* ließ ihm keine Zeit mehr für seine eigenen Interessen:

> *wenn ich zehn bis zwölf Stunden terminiert, dekretiert, berichtet, referiert etc. habe, bin ich in den paar abfallenden Stunden nicht einmal kapabel, mich mit meinen Kindern zu unterhalten.*

Ein Volontariat von einem halben Jahr bis zur besoldeten Anstellung war ihm vom Ministerium in Aussicht gestellt worden; man ließ ihn dann fünfmal so lange warten. Als v. Goßler einmal beantragte, Storm als Vertreter für einen vorübergehend dienstunfähigen Richter monatlich 40 Taler zu zahlen, lehnte dies der Justizminister ab mit der Begründung: *Wenn er brauchbar ist, so ist er ja schon eben da.* Erst neun Monate nach Dienstantritt erhielt er unregelmäßig Diäten, wechselnd zwischen 25 und 30 Talern und manchmal überhaupt nicht. Das reichte nicht einmal für die Miete. So kamen zu der beruflichen Unsicherheit finanzielle Sorgen. Ohne die wirtschaftliche Hilfe seines Vaters hätte die Familie gar nicht existieren können. Mit äußerster Sparsamkeit führte Constanze den Haushalt. Aber immer wieder, so peinlich es ihm auch war, mußte er seinen Vater um Unterstützung bitten. Er fühlte sich höchst unglücklich in diesem *großen Militär-Kasino Potsdam.* Depressionen überkamen ihn. Voller Bitterkeit sah er auf den

preußische[n] *Menschenverkauf, Menschenverbrauch im Staatsmechanismus, das die Mehrzahl auch nur in der Hoffnung auf ein Bändchen im Knopfloch auszuhalten vermag.*

Das war nicht seine Welt, sollte in ihr sein Leben enden? Fast verzweifelt schrieb er so an seine Eltern. Doch dann raffte er sich auf und fügte hinzu: *ich bin wohl weich, aber dafür zähe.* Sein Vater sprach ihm Mut zu; er habe doch eigentlich keinen Grund, sich zu beklagen. Der Dichter antwortete ihm wenige Wochen später: *Du wunderst Dich, wie ich Heimweh haben könnte – ich will es Dir sagen.* dann folgen die Verse eines seiner schönsten Gedichte.

Meeresstrand
An's Haf nun fliegt die Möwe,
Und Dämm'rung bricht herein;
Über die feuchten Watten
Spiegelt der Abendschein.

Graues Geflügel huschet
Neben dem Wasser her;
Wie Träume liegen die Inseln
Im Nebel auf dem Meer.

Ich höre des gärenden Schlammes
Geheimnisvollen Ton,
Einsames Vogelrufen –
So war es immer schon.

Noch einmal schauert leise
Und schweiget dann der Wind;
Vernehmlich werden die Stimmen,
Die über der Tiefe sind.

Sollte dies alles Fontane entgangen sein? Besaß der Wanderer durch die Mark Brandenburg und liebevolle Schilderer seiner eigenen Heimat hierfür kein Verständnis? Ich kann es mir nicht denken. *Er war für den Husumer Deich, ich war für die Londonbrücke.* Mein Kollege Helmuth Nürnberger hat dies sinnig ergänzt: Mochte Storm für den *Husumer Deich* gewesen sein, so war Fontane doch immerhin für den „Cremmer Damm" und dies in der Erinnerung an die dort einst geschlagenen Schlachten.

Beide brauchten auch als Dichter ihre Heimatlandschaft. Indessen: Was ist mit dem Vorwurf des bei Storm „verengten Horizonts"? In jener Formel Fontanes klingt ein Gefühl weltoffener Überlegenheit an. In der Tat haben die wiederholten Englandaufenthalte und zumal seine Erfahrungen in der Weltstadt London Fontane entschieden bereichert. Storm hingegen war und blieb Kleinstädter. In Berlin hat er sich nie recht wohl gefühlt. Und noch etwas: Gesellschaftliche Gewandtheit ging ihm nicht nur ab, sie war seiner Natur fremd. Das zeigt sich deutlich bei jenen wenigen Reisen, die er in späteren Jahren unternahm, zumal jener, die er nach Constanzes Tod auf Einladung von Iwan Turgenjew nach Baden-Baden unternahm. Es war eine ihm ungewohnte Welt, in die er hier eingeführt wurde. Er hat die Konzerte dort genossen, die gepflegte gesellschaftliche Atmosphäre hat ihn beeindruckt, aber der Kursaal und das Spielcasino führten ihm eine Welt vor Augen, die seinem Bürgersinn entschieden mißfiel. Erleichtert ist er nach Husum zurückgekehrt. Seine Lebenswelt war eben eine andere. Aber es war eine Welt, die ihm nicht minder, ja ihm recht eigentümlich den Blick ins allgemein Menschliche und Schicksalhafte tun ließ. Das seinem Schaffen eigentümliche Lebensgesetz hat er im Alter prägnant formuliert: *Ich bedarf äußer-*

lich der Enge, um innerlich ins Weite zu gehen Seine Dichtung macht diese innerliche Weite noch heute jedem aufgeschlossenen Leser sinnfällig.

Fontane wäre der Letzte gewesen, dies seinem Kollegen abzusprechen. Ja vielleicht hat er den Husumer sogar darum beneidet. Beruflich an die Fron des Journalismus gefesselt und zu dessen *Zeitungseilfertigkeit* gezwungen, hat Fontane den Husumer im Zeitalter der literarischen *Überproduktion* als einen noch echten Dichter gewürdigt, der sich von der Poesie nicht habe *kommandieren* lassen, sondern mit hoher *Sorglichkeit* Reifes, ja Vollendetes schaffe. Dies etwa sind Fontanes Urteile: *Der ‚Immensee' gehört zu dem Meisterhaftesten, was wir jemals gelesen haben.* Oder: *Storm ist ein Meister in der Kunst des Andeutens, des Ahnenlassens.* So urteilte der Kollege von der Zunft. Die Arbeit an der Novelle ‚Carsten Curator' ist Storm, auch durch die autobiographischen Bezüge, besonders schwergefallen. Der ansonsten recht selbstbewußte Dichter hatte nach Abschluß des Manuskripts keine hohe Meinung von der Novelle. Sie sei *unfrei concipiert,* äußerte er, *und trotz redlichster Arbeit auch im Einzelnen nicht recht so, daß ich mich zufrieden fühlen kann.* Dichten als Arbeit, die Storm unermüdlich auf sich nahm, indem er sogleich wieder an eine neue Erzählung ging: das hat Fontane beeindruckt und ihn zu dem Urteil genötigt: *So muß gearbeitet werden. Aber wie wenige kommen dem nach.* Und es ist nicht ganz von der Hand zu weisen, daß Fontane selbst sich gelegentlich von ihm inspirieren ließ. Denn was ihn an Storm belustigte, hat ihn gleichwohl beeindruckt. Da ist zum Beispiel der Spukgeschichtenerzähler. Noch viele Jahre später erinnerte sich Fontane, wie Storm im Hause von Franz Kugler sein Märchen ‚Aus Bulemanns Haus' vorlas:

Ich sehe noch, wie wir um den großen, runden Tisch [...] herumsaßen, die Damen bei ihrer Handarbeit, wir „vom Fach" die Blicke erwartungsvoll auf Storm selbst gerichtet. Aber statt anzufangen, erhob er sich erst, machte eine entschuldigende Verbeugung gegen Frau Kugler und ging dann auf die Tür zu, um diese abzuriegeln. [...] Dann schraubte er die Lampe, die schon einen für Halbdunkel sorgenden grünen Schirm hatte, ganz erheblich herunter, und nun erst fing er an. [...] Wir sollten von dem Halbge-

spenstischen gebannt, von dem Humoristischen erheitert, von dem Melodischen lächelnd eingewiegt werden – das alles wollte er auf unseren Gesichtern lesen, und ich glaube fast, daß ihm diese Genugtuung auch zuteil wurde.

Man kommt nicht umhin, dabei an Fontanes späteren Roman ‚*Effi Briest*' zu denken, an Innstettens Vorliebe für Spukgeschichten und dessen Versuch, damit Effi beunruhigend zu beeindrucken.

Storm über Fontane? Auch dafür ein kennzeichnendes Beispiel. Nach Unterzeichnung des Wiener Friedens hatte im November 1864 die Räumung Jütlands und der Abzug der verbündeten Truppen begonnen. Am 7. Dezember fand in Berlin die Parade der vor Düppel siegreichen preußischen Regimenter statt. Fontane verfaßte hierzu ungesäumt das Gedicht:

> *Einzug*
> *Wer kommt? wer? –*
> *Fünf Regimenter von Düppel her.*
> *Fünf Regimenter vom dritten Korps*
> *Rücken durchs Brandenburger Tor [...].*

Es ist ein Rollengedicht, gesprochen von einem begeisterten Zuschauer, vielleicht einem Veteranen, der die Herkunft der Regimenter und ihre Taten vor Düppel zu nennen weiß. Fontane schickte sein Einzugslied an Theodor Storm mit der Anregung, als Schleswiger zum bevorstehenden Jahrestag der Erstürmung der Düppeler Schanzen auch ein Gedicht beizusteuern. Aber er kam damit bei dem Husumer an die falsche Adresse: *Hol Sie der Teufel!*, antwortete Storm ungewohnt grob. *Wie kommen Sie dazu daß ich eine Siegeshymne dichten soll!* Ihn bedrückte bereits die Ahnung, daß seine Heimat am Ende von Preußen annektiert werden würde. Das hinderte ihn aber nicht, die Arbeit seines Dichterkollegen zu würdigen:

> *Ihr Einzugslied ist so außerordentlich gut, daß ich gründlich dazu gratulieren muß, obgleich der Zipfel der verfluchten Kreuzzeitung aus jeder Strophe heraushängt. Möchten Sie der letzte Poet jener, doch Gott sei Dank und trotz alledem dem Tode verfallenen Zeit sein, worin die*

That des Volkes erst durch das Kopfnicken eines Königs Weihe und Bedeutung erhält.
Das bezog sich auf den Schluß des Einzugslieds, worin Fontane, als die Regimenter am Denkmal Friedrichs des Großen defilieren, *König Fritz* ihnen seine Anerkennung bezeugen läßt:

Zehntausend blicken zu ihm auf;
Der neigt sich leis und lüpft den Hut:
„Konzediere, es war gut."

Diese Wendung weckte den Ingrimm des Demokraten Storm.

Ihr – ich sage es nochmals – meisterliches Lied feiert lediglich die militärische Bravour, wodurch der Beifall des Königs oder Königthums erworben ist, von einem sittlichen Gehalt der That weiß es nichts. Sie hat auch dießmal keinen. Warten Sie nur, wenn ich Ihre Balladen einmal unter meine kritische Feder bekomme! Fontanes eigenes, zum Jahrestag von Düppel daraufhin geschriebenes und in der „Kreuzzeitung" gedrucktes Gedicht blieb dann auch viel verhaltener im Ton, indem es mit dem Bild von den flatternden Möwen über dem Alsensund den Gleichklang von Frühling und erreichtem Frieden pries.

In Berlin und Potsdam hatten sie sich oft gesehen, seit Storms Übersiedlung nach Heiligenstadt jahrelang nicht mehr. Im März 1864 war Storm nach Husum zurückgekehrt. Wenige Monate später erhielt er überraschend einen Brief aus Flensburg von bekannter Hand.

Geehrter Freund, Dichter und Hardesvogt, so schrieb ihm Fontane. Dieser hatte den Auftrag übernommen, über den Deutsch-dänischen Krieg ein Buch zu schreiben, war zu diesem Zweck in den Norden gereist und jetzt in Flensburg am Nordermarkt im Hotel Rasch abgestiegen. Nach Husum war es nur wenige Meilen. Gern hätte er den alten ‚Rütli'-Genossen nach so vielen Jahren doch einmal wiedergesehen. Doch er kannte dessen Empfindlichkeit und Abneigung gegen alles Preußische. Und Fontane war, wie Storm wußte, Mitarbeiter in der Redaktion der preußisch-konservativen ‚Kreuzzeitung'. Er wagte es dennoch und schickte den Brief nach Husum, kündigte vorsichtshalber aber nur einen kurzen Besuch an: *auf Dinstag Nachmittag oder Abend für Husum* mit zwei Programmpunkten:

> *1. Sie und Ihre sehr verehrte Frau auf eine halbe Stunde zu sehn. 2. In einem Boot wenigstens die nächstgelegene der friesischen Inseln zu besuchen.*

Zu seiner Erleichterung reagierte Storm prompt und freundschaftlich:

> *Hand auf's Herz, das ist wirklich eine große Freude. Sie sind natürlich zu jeder Stunde mit und ohne Anmeldung willkommen. [...] ein paar Nächte müssen Sie hier bleiben. Für den Tag nehmen wir Sie natürlich gänzlich in Beschlag.*

So wurde aus dem halbstündigen Besuch bei Storm ein ganzer Tagesaufenthalt Fontanes. In sein Notizbuch schrieb er:

> *Um 3 Uhr Abfahrt* [von Flensburg] *nach Husum. Von Storm und seinen 2 ältesten Jungens am Bahnhof erwartet. Husum und Storms Haus sehr nett. Jahrmarkt; die Stadt flaggt. Spaziergang. Bei Storm geplaudert und feierlich in Cap Constantia Gesundheiten ausgebracht. Nach 11 ins Hotel.*

Gewiß wurden in ihren Gesprächen Erinnerungen an die Potsdamer Zeit lebendig, ihre kontroversen politischen Ansichten blieben dabei aber nicht ausgeklammert. Dem mit ihm befreundeten Zeichner Ludwig Pietsch berichtete Storm wenig später:

> *Neulich war Fontane einen Tag bei uns, was mir doch eine große Freude machte, er ist trotz seiner Mitredaktionsschaft an der + + +* [Kreuzzeitung] *doch ein netter traitabler Mensch und – ein Poet. Wir haben uns in den paar Stunden fast um den Hals geredet.*

Erleichtert und befriedigt kehrte Fontane von diesem Besuch nach Flensburg zurück. Er war mit Storm auch am Husumer Deich gewesen und hatte das Wattenmeer gesehen. Später notierte er:

> *Die Stadt. Die Marsch, die Geest, der Deich, die Koogs oder Kroogs, die Polder, das Meer, das Watt, die Flut – ich*

zähle es nur auf, wer wollte es beschreiben, denn es gibt wohl keine Lokalität in Deutschland, die von derselben Hand so oft u. so meisterhaft beschrieben worden wäre. Diese Hand ist die Th. Storms.

Am nächsten Tag bestieg er in Flensburg das Schiff und reiste weiter zum Sundewitt. Die Bilder von dieser Fahrt auf der Flensburger Förde mit dem Blick auf ihre bewaldeten Ufer und den Steilhang bei Holnis haben den Dichter beeindruckt, waren sie ihm doch über drei Jahrzehnte später noch in lebendiger Erinnerung, als er seinen Roman ‚*Unwiederbringlich*‘ hier beginnen ließ:

Eine Meile südlich von Glücksburg, auf einer dicht an die See herantretenden Düne, lag das von der gräflich Holkschen Familie bewohnte Schloß Holkenäs.

Drei Jahre später war eingetreten, was Storm geahnt und gefürchtet hatte. Durch Besitzergreifungspatent König Wilhelms I. waren die schleswig-holsteinischen Herzogtümer im Januar 1867 von Preußen annektiert und zur preußischen Provinz erklärt worden. Wohl kein Ereignis – der Tod seiner Gattin Constanze ausgenommen – hat den Dichter härter getroffen als dies. Wie sehnlich hatte er ein von der dänischen Herrschaft freies Schleswig-Holstein als demokratischen und womöglich republikanischen deutschen Bundesstaat erwartet! Diese Hoffnung hatte durch Bismarcks Politik eben jene Macht zerstört, die er seit seinen Potsdamer Erfahrungen so sehr verabscheute und die natürlich – wie konnte es anders sein – ihm sogleich sein Gehalt kürzte. Und Fontane – so sehr er ihn auch als Schriftstellerkollegen respektierte – hatte sich mit seiner Feder in den Dienst dieser Macht gestellt! Man muß sich diese Einstellung vergegenwärtigen, um jenes harte Urteil Storms zu verstehen, das er nun über Fontane fällte. Inzwischen war eine Gesamtausgabe seiner Werke in Vorbereitung. Ihr sollte eine Lebensskizze und eingehende Würdigung des Dichters Theodor Storm vorangestellt werden. Dieser suchte seinen Landsmann Klaus Groth hierfür zu gewinnen mit der kennzeichnenden Begründung: *Du kennst Grund und Boden, stehst mir überhaupt in Deinem Wesen näher.*

Storms Verleger hatte hierfür nämlich Fontane vorgeschlagen. Storm aber lehnte entschieden ab mit der schroffen Begründung – und nun das Urteil: *Fontane ist politisch fast mein Gegner, daher kaum geeignet.* Alte Männer werden oft schwierig; Storm hat darin wohl keine Ausnahme gemacht. Aber das Alter kann schließlich auch versöhnlich stimmen. Siebzehn Jahre später: Unermüdlich schaffend hat Storm seine wohl bedeutendsten Novellen geschrieben. Abgespannt möchte er eine Arbeitspause einlegen, möchte eine Reise machen. Sie soll in den Süden führen, vielleicht nach Wien. Aber die erste Station – es ist sonderbar, die Stadt zieht ihn jetzt an – soll Berlin sein. Er ist dann doch nicht bis Wien gekommen, aber vier Wochen in der preußischen Hauptstadt geblieben und hat diese Zeit genossen. Wie hatte sich sein Leben in den zurückliegenden dreißig Jahren verändert: damals ein Neuling im ‚Tunnel über der Spree', nun ein bekannter und geachteter Dichter. Im Vorjahr hatte ihn der bayerische König – auf Fürsprache von Paul Heyse – in das Ordenskapitel des Maximiliansordens für Kunst und Wissenschaft berufen: eine Auszeichnung, die er mit Eichendorff, Mörike, Hebbel, Grillparzer und Keller teilte. Der Aufenthalt in Berlin brachte Ehrungen, vor allem aber ein Wiedersehen mit alten Freunden. Adolph Menzel führte den Dichter durch sein Atelier. Die Presse gab zu Ehren des Husumer Dichters im ‚Englischen Haus' ein Festbankett, auf dem Theodor Mommsen, Freund aus Kieler Tagen, die Festrede hielt. Und natürlich war Fontane dabei. Dieser hat sich später an Storms Besuch erinnert:

> *Man empfing von ihm einen reinen, schönen Poeteneindruck. In allem guten war er der alte geblieben, und was von kleinen Schwächen ihm angehangen, das war abgefallen. Alt und jung hatten eine herzliche Freude an ihm und bezeugten ihm die Verehrung, auf die er so reichen Anspruch hatte.*

Was den preußischen Märker und den demokratischen Schleswiger einst zu Gegnern gemacht hatte, war nicht vergessen, aber überwunden. Und so schloß Fontane – und damit möchte auch ich schließen – so schloß Fontane seine Erinnerung an Storm, zu dem er oft in Widerspruch gestanden hatte, in Respekt und mit Wärme:

Als Lyriker ist er, das Mindeste zu sagen, unter den drei, vier Besten, die nach Goethe kommen. Dem Menschen aber, trotz allem, was uns trennte, durch Jahre nahe gestanden zu haben, zählt zu den glücklichsten Fügungen meines Lebens.

Der Vortrag wurde gehalten am 26. Januar 2005 bei Bücher Rüffer, Flensburg, in Zusammenarbeit mit der Theodor-Fontane-Gesellschaft, Sektion Schleswiger Land, und am 14. Juli 2005 in der Sommerkirche Welt, Eiderstedt. Die Herausgeber erhielten aus dem Nachlass ein satzfertiges Manuskript, in dem nur minimale Korrekturen erforderlich waren. Orthographische Besonderheiten in den Zitaten (von Storm und von Fontane) sind übernommen, ohne dass auf sie hingewiesen wird. Frank ist ebenso in seiner ‚*Literaturgeschichte in Schleswig-Holstein, Bd. 3.2*' verfahren.

Todesnachricht

16.10.2005

Helga Bleckwenn

Horst Joachim Frank

Nachruf

Horst Joachim Frank wurde am 6.12.1928 in Schleswig geboren; Kindheit und Jugend verbrachte er in Malente und Hamburg. Nach dem Abitur studierte er Germanistik und Geschichte in Tübingen, Freiburg und Hamburg, und nach der Promotion in Hamburg war er Studienreferendar, dann Studienrat am Alten Gymnasium in Flensburg, am Gymnasium Satrup und im Internat Hemmelmark. Seit 1962 wirkte er an der damaligen Pädagogischen Hochschule Flensburg, zunächst als Dozent, ab 1968 als Professor für Deutsche Sprache und Literatur und ihre Didaktik. In den über sechzig Semestern seiner Lehrtätigkeit hat er maßgeblich zur Profilierung des Faches an unserer Universität beigetragen und viele Generationen von Studierenden geprägt.

Als überzeugter Anhänger der Akademischen Selbstverwaltung hat er in Gremien und Ausschüssen mitgewirkt und von 1970 als Prorektor und 1971-74 für zwei Amtsperioden als Rektor die Hochschule geleitet. Dieses Rektorat ist in der kollektiven Erinnerung als vorbildlich in der Amtsführung und richtungsweisend in konfliktreicher Zeit tradiert. Er selbst erwähnte gern, wie er im Ministerium eine nennenswerte Aufstockung des Hochschuletats erreichte durch den Nachweis, dass die Aufwendungen für die Flensburger Studierenden unter denen für Gymnasiasten in Schleswig-Holstein lägen.

Horst Joachim Frank blieb auch nach seiner Emeritierung der nunmehrigen Universität verbunden und kam Bitten um Vorträge, Moderationen und in einigen Wintersemestern auch um eine Vorlesung bereitwillig nach. Er war präzise und zuverlässig in allen Absprachen und übernommenen Verpflichtungen. Seine Beiträge waren stets sachorientiert, inhaltlich bereichernd und konstruktiv, in der Präsentation rhetorisch eindrucksvoll. Kollegen war er ein stets anregender Gesprächspartner. Auch viele Korrespondenzpartner bezeugen seine kenntnisreiche und kooperative Hilfsbereitschaft in Quellen- und Überlieferungsfragen.

Dabei verstand er es, seine Arbeitszeit für Forschungsvorhaben ungeschmälert einzusetzen. Horst Joachim Franks wissenschaftliches Oeuvre umfasst Arbeiten in einem breiten Spektrum, darunter mehrere voluminöse Monographien, die jeweils zu einschlägigen Standardwerken wurden. So bereits für die Barockliteratur die Dissertation über die Dichterin Catharina Regina von Greiffenberg (1957, Publikation 1967), dann grundlegend für die historisch orientierte Fachdidaktik die ‚*Geschichte des Deutschunterrichts von den Anfängen bis 1945*‘ (1973), unentbehrlich für Metrik und Versforschung sein ‚*Handbuch der deutschen Strophenformen*‘ (1980), schließlich sein Alterswerk, die Geschichte der ‚*Literatur in Schleswig-Holstein*‘ (1995ff.), dessen Wirkung beachtlich ist und sicherlich noch zunehmen wird. Drei Teile (von den Anfängen bis Ende des 19. Jahrhunderts) sind in vier Bänden erschienen; den vierten Teil (20. Jahrhundert) konnte der Autor nicht mehr vollenden. Er selbst erwähnte als sein erfolgreichstes Buch den in wenigen Monaten entstandenen, inzwischen in sechs Auflagen verbreiteten UTB-Band ‚*Wie interpretiere ich ein Gedicht?*‘ (1991 u.ö.).

Er arbeitete unabhängig und effektiv und schätzte seinen Arbeitsstil, seine Leistungen nüchtern ein: bescheiden und selbstbewusst. Wirkung und Würdigung seines Werkes nahm er interessiert, aber gelassen zur Kenntnis; die Sorge um Fortgang und Abschluss der begonnenen Arbeiten jedoch hat ihn bis zuletzt beschäftigt. Er war sich der Begrenzung unserer Zeit sehr bewusst und suchte sie zu nutzen, gelegentlich Goethe zitierend

Noch ist es Tag,
da rühre sich der Mann.
Die Nacht tritt ein,
wo niemand schaffen kann.

Horst Joachim Frank starb am 16.10.2005 nach kurzer schwerer Krankheit, wohlvorbereitet und von der Familie begleitet, in seinem Haus in Glücksburg.

Der Nachruf wurde zuerst veröffentlicht in den ‚*Mitteilungen der Universität Flensburg*‘, herausgegeben vom Rektorat der Universität Flensburg, Nr. 56, 9. November 2005, S. 22.

Beiträge zur Gedenkveranstaltung
09.02.2006

Begegnungen mit Horst Joachim Frank
Seine Schriften lesen – seine Ideen weiterführen

Helmuth Nürnberger

Verehrte, liebe Frau Frank,
liebe Familie Frank,
liebe Kolleginnen und Kollegen!

In der Schlussszene des späten Trauerspiels ‚*Der Turm*' von Hugo von Hofmannsthal hören oder vielmehr lesen wir (denn das Stück wird selten aufgeführt) bewegende Worte des Prinzen Sigismund, eines Sterbenden, der lange gefangen gehalten worden war. Sie beginnen: *Gebet Zeugnis: ich war da.*[1] Im Drama bezeichnen diese wenigen Worte eine besondere Situation, die uns heute nicht weiter zu beschäftigen braucht. Aber sie lassen sich auch in mehr allgemeiner Weise verstehen. Dann handelt es sich um die Aufforderung, Zeugnis abzulegen für einen Menschen, dem wir begegnet sind, mit dem uns eine längere oder kürzere gemeinsame Lebenszeit verbindet, von dessen Individualität wir eine Vorstellung gewonnen haben und den wir nun entbehren.

Sigismunds Aufforderung – oder ist es eine Bitte? – bedarf keines erklärenden oder schmückenden Beiworts. Seine Worte haben etwas Strahlendes, das über alle Trauer hinausgeht und nicht ganz von dieser Welt ist. Allerdings haben sie noch eine Fortsetzung, sie lauten vollständig: *Gebet Zeugnis: ich war da. Wenngleich mich niemand gekannt hat.*[2] Wiederum kann unberücksichtigt bleiben, was damit im Zusammenhang des Dramas gemeint ist. Auch der vollständige Satz hat einen in allgemeiner Weise anwendbaren Sinn. Gewiss, es gibt Nahestehende, die einen Menschen sehr gut kennen, vielleicht besser, als er sich selber kennt, doch liegt es im Wesen der Individualität, dass sie in ihrer Einmaligkeit niemals ganz auszuschöpfen ist. Und wenn dies schon für Nahestehende gilt, wie viel mehr gilt es für den Fernerstehenden, dem es an Wissen und Vertrautheit mangelt. Was darf er sagen? Es gibt eine natürliche Scheu vor dem lauten, aber zuletzt doch nur konventionellen Bekenntnis, aber auch vor dem „vorlauten", das eigenwillig ist, aber vielleicht als ungeprüft oder anmaßend empfunden werden könnte. Es sind die gesparten Worte, von denen die anderen, die Verwendung finden, Kraft empfangen. Reden und Schweigen bedingen einander. Das *Zeugnis* findet seine Legitimation allenfalls in der persönlichen Stellungnahme und in den Umständen, die sie bedingen. Hofmannsthal fordert viel, aber er ermutigt auch, er ist nicht nur sprachskeptisch, sondern auch sprachgläubig. Wo es eine Dankespflicht gibt, wird es auch Worte geben.

Was ich von Horst Joachim Frank weiß, gründet zunächst in Zufällen seiner und meiner Biographie. Dass aus unserem Miteinander mehr wurde als ein kollegiales Nebeneinander verdanke ich zuallererst seiner Sensibilität. Er war mir voraus in vielem, und dabei blieb es auch – das ist wie mit einem älteren Bruder, man holt ihn nicht ein. Als ich hier in Flensburg meinen Bewerbungsvortrag hielt, moderierte er die anschließende Diskussion. Ich hatte über einen Dichter referiert, der nur wenig „beschult" worden war und über Literaturlehrer wahre Ungeheuerlichkeiten zu Papier gebracht hatte.[3] Nicht eben eine Leitfigur für Didaktiker, bei der sie für ihre Arbeit Ermutigung finden konnten – und die Didaktik der Literatur sollte doch künftig mein Fach sein. Aus Herrn Franks Feder war soeben die ‚*Geschichte des Deutschunterrichts*' erschienen... Diese Bewerbung – es war die erste meines Lebens – führte dazu, dass ich nach Flensburg berufen wurde und wir Kollegen wurden. Da Herr Frank damals auch gerade Rektor war, sprach er mir den Amtseid vor, den ich nachsprach.

Man liest gelegentlich, Gelehrte hätten keine Biographie, sondern eine Bibliographie, aber das stimmt natürlich nur an der Oberfläche. Horst Joachim Frank schrieb gerade damals ein rühmenswertes Kapitel seiner Biographie: Standhaft, humorvoll und listig besänftigte er die Wellen der akademischen Unruhe, die, von Hamburg und anderen größeren Uni-Städten ausgehend, mit einiger Verspätung auch Flensburg erreicht hatten. Ich kam aus Hamburg, hatte aber, sehr viel am Schreibtisch beschäftigt, davon gar nicht viel mitbekommen. Karen Baasch, die im selben Semester wie ich nach Flensburg wechselte, war da informierter und versierter. Von mir hätte er nichts lernen können, und ich hatte nur Gelegenheit seinen pragmatischen Sinn zu bewundern. So lebten wir hin …Was die Bibliographien anbetraf, so zeichnete sich zwar bereits ab, dass wir beide ein gewisses Talent zur Ausführlichkeit besaßen, und es kursierten sogar Gerüchte, hier wie dort seien die Familien in den Arbeitsprozess erfolgreich einbezogen, aber die Stoffwelten blieben denkbar verschieden. Er hatte inzwischen die Geschichte des Deutschunterrichts mit der Sammlung der deutschen Strophenformen vertauscht, und ich die Biographie meines schulunlustigen Dichters mit seinen zahlreichen Romanen, Reisebüchern, Briefen etc., die ediert und kommentiert sein wollten. Wenn es aber um den pädagogischen Alltag in Seminar und Vorlesung ging, orientierte Herr Frank sich, vernünftig und zielbewusst, wie er immer war, an der Erfahrungswelt der Studenten, während mich ein nimmermüder Ehrgeiz plagte, sie mit Prager, Wiener und Czernowitzer Literaten, den historischen Umständen Lembergs und Triests, galizischen Juden und Puszta-Schafhirten, Slowaken, Slowenen und Slawonen bekannt zu machen. Ob der Unterschied zwischen diesen kleinen Völkern denn so wichtig sei, fragte dann wohl jemand in der Sprechstunde. Mit gewinnender Jugendlichkeit fügte er hinzu: Er stamme von der Westküste und könne sich hier gar nicht recht eingewöhnen, die Mentalität sei so anders. Ich versicherte, es gäbe Unterschiede auch zwischen den genannten fernen Völkerschaften. Die Literatur könne vielleicht helfen, sie besser zu verstehen.

Vor wenig mehr als einem Jahr hat Herr Frank – nach seiner Herzoperation anscheinend schnell wiederhergestellt und nicht ohne neue Pläne – während einer hochschulinternen Veranstaltung, in der er sich der gemeinsam verbrachten Jahre erinnerte, erstmals erkennen lassen, daß ihn meine seinerzeitigen, zweifellos etwas einseitigen Präferenzen doch zuweilen irritiert haben. Es geschah in der freundlichsten und verbindlichsten Form, ohne jede Kritik, im Gegenteil, er verteidigte mich, betonte das Recht des Hochschullehrers auf entsprechende Schwerpunktsetzungen in Forschung und Lehre. Aber seine einstige Verwunderung war doch leise spürbar. Ich durfte es als ein Zeichen verstehen, dass es sich um ein gewissermaßen endgültig abgeschlossenes Kapitel handelte, über das sich aus historischem Abstand sprechen ließ. Seinerzeit, wie gesagt, hatte es nie eine Rolle gespielt, und das war kennzeichnend für den Geist der Liberalität, der damals vorherrschte und jedem Lehrkörpermitglied des Deutschen Seminars die Entfaltung seiner Fähigkeiten erlaubte. Es gibt noch ein anderes Scherzwort über Gelehrte, es lautet: „Der liebe Gott schuf den Herrn Professor und der Teufel seinen Kollegen." So, ich kann es bezeugen, ist es bei uns nicht gewesen.

Mehr noch: Etwas anderes war geschehen, was ich nicht erwartet hatte und mein Verhältnis zu Frank erst wirklich begründete: An einem „runden" Geburtstag, an dem das Seminar mir eine kleine Feier ausrichtete, hielt Herr Frank eine Rede, die von feinstem Verständnis getragen war für das, was mich im Hinblick auf die besondere Rolle der österreichischen Literatur im 19. und 20 Jahrhundert beschäftigte. Er kam auf Grillparzer und dessen Novellistik zu sprechen und, ohne jede direkte Bezugnahme auf die, wie man gesagt hat, „Interpretation auf Interpretation häufende ‚*Spielmann*'-Forschung",[4] dem Geiste nach vielleicht am ehesten Carl Jacob Burckhardts eindringlicher Deutung verpflichtet,[5] vergegenwärtigte er sein Verständnis des merkwürdigen Bettelmusikanten. Er ließ meine einschlägigen Lehrveranstaltungen Revue passieren, steckte Grenzen ab und ordnete sie so um Grillparzers berühmte Novelle, dass ich in dem ‚*Armen Spielmann*' eine Art Leitfigur derselben erkennen lernte. Ich war bewegt. Wenn ein Freund dergleichen unternommen hätte, vielleicht hätte ich ihm auf die Schulter geklopft und mich dankbar, aber ohne Überraschung verstanden gefühlt. Aber Frank? Nichts verpflichtete ihn zu solcher Bemühung, er hätte es bei konventionellen Worten belassen können, vielfach beschäftigt, wie er war. Stattdessen hatte er gründlich versucht, sich in meine Arbeit hineinzudenken, und das war ihm auch, obwohl er von ganz anderen Voraussetzungen ausgehen mochte, in überraschender Weise gelungen. Und damit nicht genug. Er hatte sich über die Mischung der Sprachen orientiert in der Region, aus der ich kam, sogar über die speziellen Verhältnisse in meiner Heimatstadt. Damals habe ich erkannt – nicht ohne Beschämung, wie ich gestehen muss, denn ich selbst hatte Vergleichbares ja nicht unternommen –, welchen Zartsinnes dieser Mann fähig war, der sich doch gern nüchtern und praktisch gab (und es auch war) und der in den Anfangsjahren unserer Bekanntschaft auf meine Auslassungen gelegentlich geantwortet hatte: „Ach was!

Sie sind zu empfindlich!" Eigentlich hieß dies wohl: „Dergleichen macht man mit sich selbst ab", denn „empfindlich" – und dies bedeutet nicht zuletzt eben wahrnehmungsfähig für unaufgedeckt Gebliebenes (er machte nur kein Aufhebens davon!) oder für künftige Entwicklungen – war er selbst im hohen Maße, und in solchem Zusammenhang konnte er wohl auch zuweilen verkannt werden.[6]

Ich war ihm dankbar, und ich versuchte ihm das zu zeigen, auch durch betontes Interesse für *seine* Arbeiten. Längst waren wir Autoren auch im gleichen Verlag, von der Möglichkeit, uns auszutauschen, machten wir nun vermehrt Gebrauch. So lebten wir hin ... Dann kam die Zeit, in der wir nacheinander von aktiven Lehrverpflichtungen entbunden wurden und zusätzliche Zeit zum Schreiben gewannen. Unser bereits erwähntes Talent zu ausführlichen Überblicks- und Sammelwerken erhielt neuen Auftrieb. Frank begann seine großangelegte Darstellung der ‚*Literatur in Schleswig-Holstein*'. Wie stets ging er ohne laute Vorankündigungen zu Werke. „Das sind so Dinge, mit denen man sich im Alter beschäftigt", sagte er dann wohl. Es war ja nie etwas von akademischem Pomp um ihn, auch diese Literatengebärde „Mein-Metier-ist-mir-heilig, bringt-mich-um" etc. war ihm völlig fremd. Da aber die Informationen so spärlich flossen, begleiteten sein neues Vorhaben doch allerlei tastende Mutmaßungen. Zugrunde lag der fortbestehenden Unsicherheit das bekannte Phänomen, dass man, um richtig fragen zu können, bereits etwas wissen muss. Herr Frank sei noch mit dem umfangreichen ersten Band beschäftigt, verlautete gerüchteweise, stünde aber noch im Mittelalter. Du lieber Himmel. Im Mittelalter. In Schleswig-Holstein. Wie hießen doch gleich Autoren und Werke? – Die da staunten oder wohl gar übermütig wurden, sahen sich später gründlich eines Besseren belehrt. Was entstand, war eine überaus kenntnisreiche Literaturgeschichte zum Lesen, die immer auch ein Stück Kultur- und Sozialgeschichte abbildete, also das Ganze des Lebens ins Auge fasste. Dazu gehörte auch eine spürbare Neugier und Erklärungsfreude für neue technische Erfindungen und Entwicklungen. Insofern war diese Literaturgeschichte ganz und gar ein Kind ihres Autors, der quasi nebenbei gern den einen oder anderen kleinen Leitfaden erstellte, wie etwa ‚*Der Personalcomputer als Arbeitsmittel für den Geistesarbeiter*', gedruckt als Manuskript, Flensburg 1994.

Was aber nun die Literatur im engeren Sinn anging, so hielt auch Schleswig-Holstein im Mittelalter offensichtlich Lesenswertes bereit. Manches erwies sich als bezeichnend auch für spätere Vorgehensweisen. Wie war Helmold von Bosau, der erste von Frank behandelte Autor, interessanterweise verfahren? Er hatte, um in seiner Slawenchronik eine fesselnde Abfolge von Missionserfolgen und -niederlagen darstellen zu können, die Chronologie *mutwillig* verändert – nein, eben nicht mutwillig, sondern aus *ästhetischem Wirkungsinteresse*. Er war also nicht sehr anders vorgegangen als beispielsweise Theodor Fontane in den ‚*Wanderungen*' durch die als „historische Landschaft" verstandene Mark Brandenburg. Bemüht, *die ‚Lokalität' wie das* [!] *Prinzessin im Mährchen zu erlösen*,[7] musste dieser, wenn es hart auf hart ging, gleichwohl erkennen (ich zitiere): *die novellistischen Interessen waren stärker in mir als die historischen*.[8] Gelegentlich wurde er dabei erwischt, dann schrieb er einen Entschuldigungsbrief an die Landeshistoriker, aber er besserte sich nicht.[9] Helmold von Bosau brauchte noch keinen Landeshistoriker zu fürchten, aber auch er hatte sich entscheiden müssen, wie vorzugehen war – und er hatte sich entschieden. Was nun Herrn Frank betraf, so hatte er sicherlich die Chronologie *nicht* verändert, aber er hatte, wie man sogleich bemerkte, den Stoff in der geschicktesten Weise gruppiert. Da folgten, in kleinen, selbständigen Texteinheiten, auf die Slawenchronik des Klerikers Helmold von Bosau die Jenseitsvision des Bauern Gottschalk, städtische Chroniken, Totentänze, eine Marienklage usw., so dass aus einer Abfolge unterschiedlicher Formen zuletzt ein Gesamtbild entstand, wie der Leser ohne vorangegangene Ermüdung bemerkte. Diese regionale Literaturgeschichte, reich an Anschauung und sicher beherrschten Details – die ich hier nicht insgesamt, sondern nur beispielsweise und unter persönlichem Aspekt zu würdigen suche! – war vielleicht der glücklichste Stoff, den er aufgreifen konnte. Sie bezeugt zugleich seine Vertrautheit mit dieser Region, in der er so sicher zu Hause war, dass er darum gar keine Worte zu machen brauchte. Dass ich den dritten Band, der das 19. Jahrhundert behandelt, entstehen sehen und im Manuskript lesen konnte, war mir eine große Freude.

Es war das Jahrhundert, das durch die aufflammenden Nationalitätenkämpfe im besonderen Maße belastet war. Franks Darstellung führte über die Grenzen einer auf dem Hochdeutschen basierenden Nationalliteratur hinaus, bezog niederdeutsche, friesische, dänische, im ersten Band auch lateinisch schreibende Autoren ein. Erst das Neben-, Mit- und Gegeneinander der Stimmen und unterschiedlichen Perspektiven ließ das Land in seiner historischen Prägung als Grenzraum und Brücke zwischen zwei Völkern verstehen. Franks regionale und zugleich übernationale Vorgehensweise war „europäisch" im besten Sinne. Vergleichbares wird andernorts (etwa im Hinblick auf das mehrsprachige habsburgische Galizien) mit großem komparatistischem Aufwand ins Werk gesetzt.[10] Dagegen stellt Franks ‚Literatur in Schleswig-Holstein' die bemerkenswerte Leistung eines Einzelnen dar, die *weil* sie das Werk eines Einzelnen ist, nicht nur konzeptionell, sondern auch als Bekenntnis überzeugt. Nicht selbstverständlich weiterhin, dass Frank auch nichtfiktionale Texte sowie die materiellen (technischen) und gesellschaftlichen Bedingungen des literarischen Lebens behandelte. Den dritten Band eröffnet ein (sehr erheiterndes) Kapitel über die Hoftheater. Er hat die großen Historiker des Landes, Niebuhr, Fahlmann, Mommsen, in seine Darstellung aufgenommen. Nur zu Recht: Die bedeutende deutsche Literatur des 19. Jahrhunderts ist zu einem beträchtlichen Teil Gelehrtenprosa. Es stellt eigentlich ein Kuriosum dar, dass es erst des so genannten erweiterten Literaturbegriffs bedurfte, die Mauern um die „schöne" Literatur durchlässig zu machen. Mommsen, der erste deutsche Nobelpreisträger für Literatur, hat wiederholt geäußert, dass der Geschichtsschreiber mehr vom Künstler als vom Wissenschaftler haben müsse, es sei seine Aufgabe, das Gewesene durch jene Phantasie zu vergegenwärtigen, welche *wie aller Poesie, so auch aller Historie Mutter ist.*[11]

Gebet Zeugnis, ich war da. Horst Joachim Frank war im Leben unserer Hochschule in besonderer Weise gegenwärtig. Im Laufe seiner jahrzehntelangen Lehrtätigkeit in Flensburg hat eine ganze Generation künftiger Lehrer seine Seminare und Vorlesungen besucht, sind ihm viele wohl auch in seiner Funktion als Rektor der einstigen Pädagogischen Hochschule Flensburg begegnet. Wenn sie sich von ihm formen ließen, konnten sie bei ihm solide Grundlagen ihres Handwerks erlernen, sahen sie sich nicht zuletzt von ihm auch ermuntert, über die Grenzen ihres Faches hinauszusehen. Beides, so möchte man sagen, tat ihnen in den unruhigen Jahren der jüngeren Hochschul- und Universitätsgeschichte bitter not. Nahmen sie an den wissenschaftlichen Zielen des Fachs tieferen Anteil, mochte ihnen die Lebensleistung deutlich werden, die in grundlegenden Darstellungen von Horst Joachim Frank erbracht worden war. Lehre und Forschung gingen bei ihm tatsächlich Hand in Hand und waren wirklich um der Sache willen da. Ein Zeugnis darf auch bereits Gesagtes wiederholen: Die Universität Flensburg hat eine Persönlichkeit verloren, die aus ihrer noch jungen Geschichte nicht wegzudenken ist.

---

[1] Hugo von Hofmannsthal: *Gesammelte Werke in Einzelausgaben*. Hrsg. von Herbert Steiner. *Dramen IV*. Frankfurt am Main 1958, S. 207.

[2] Ebd.

[3] Fontanes im Alter geäußerte Kritik an der falschen Bildung – die sich *wie Katarrh bei Ostwind kaum vermeiden läßt, so muß man beständig auf der Hut sein, daß aus der kleinen Affektation nicht die galoppirende Schwindsucht wird* (an Martha Fontane, 9. August. 1895), ist vehement, dementsprechend die heftige Ablehnung der *staatlich abgestempelten Fachsimpler*: *Deutschland ist jetzt überfluthet von diesen bornirten Subjekten, die weil sie drei Examina bestanden und einige Literaturkapitel auswendig gelernt haben, der deutschen Nation beibringen wollen, wie Kunst und Dichtung beschaffen sein müsse. Vier Bücher solcher Herren liegen vor mir, eins immer schlechter und dünkelhafter als das andre, lederne Menschen, die weil sie so ledern sind auch nicht das Geringste von der Sache verstehn, moderne Bildungsscheusäler, denen jedes natürliche Gefühl, wenn sie's je hatten, abhanden gekommen ist. Meine grenzenlose Verachtung gegen diese Leute ist in einem steten Wachsen begriffen. Sie wollen fördern und verwüsten alles* (an Georg Friedlaender, 26. Juni 1896).

[4] Hinrich C. Seeba: *„Ich habe keine Geschichte": Zur Enthistorisierung der ‚Geschichte vom Armen Spielmann'*. In: *Grillparzer's ‚Der arme*

Spielmann'. New Directions in Criticism. Edited by Clifford Albrecht Bernd. Camden House. Columbia, South Carolina (Studies in German Literature, Language, and Culture, Vol. 25), 1988, p. 209.

[5] Carl Jakob Burckhardt: *Grillparzer und das Maß*. In: *Das Grillparzer-Bild des 20. Jahrhunderts. Festschrift der Österreichischen Akademie der Wissenschaften zum 100. Todestag von Franz Grillparzer*. Wien 1972, S. 9-31. – Der Vortrag wurde bei Anlass der 150sten Wiederkehr von Grillparzers Geburtstag gehalten [1941!]. Burckhardt mahnt: *Ich möchte wünschen, daß ein jeder in der schweren Epoche, die wir durchleben, eine stille Stunde finden möchte, um diese etwas altertümliche, durch das Zeremoniell einer vergangenen Höflichkeit wie bei Stifter stellenweise umständliche Geschichte zu lesen, in welcher ein vergessener Ton deutschen Wesens aufklingt, der daran erinnert, wie tausendfältig das Wunder einer Nation ist* (S. 20f).

[6] Berichtet sei an dieser Stelle – in der „Druckfassung" dieser Erinnerungen – von einem Vorgang, dessen Kenntnis ich Maria Honeit, der vorzüglichen Lektorin des einstigen Christian Wegner Verlags in Hamburg verdanke. In diesem Verlag gab unser verstorbener Kollege Werner R. Lehmann seinerzeit die unabgeschlossen gebliebene, erste historisch-kritische Büchner-Ausgabe heraus (später bei Hanser). An seiner Seite besuchte eines Tages ein jüngerer Philologe namens Frank den Verlag, der mit einem als sehr ungewöhnlich empfundenen Vorschlag aufwartete. Ich vermag keine Details zu referieren, aber sinngemäß warb Frank für eine neue Möglichkeit der Literaturvermittlung, die geeignet sei, die Vorherrschaft des gedruckten Buches zu beenden oder doch zu mindern, das Hörbuch. Die technischen Möglichkeiten seien gegeben, die Verlage sollten sich ihnen nicht verschließen. Maria Honeit, der ich bei dieser Gelegenheit gern ein bescheidenes Denkmal setze, war die beste und hingebendste aller Lektorinnen, mit untrüglichem Gefühl für die Sprache begabt, sie wusste auch alles über Bücher und deren merkwürdige Schicksale, aber bei diesem Vorschlag verließ sie ihr Ahnungsvermögen. Was war dies für eine Zukunft des Buches, die ihr den feingespitzten Bleistift, den sie beim Lesen in der Hand hielt, zu rauben drohte? Vielleicht wirkten die prophetischen Ankündigungen des jungen Philologen noch weit dringlicher und drohender auf sie, als sie vorgetragen wurden („er sah aus wie ein Boxer!"), kurzum, das Treffen endete ergebnislos. Aber wie recht hatte Frank gehabt, wenn man sich die spätere Entwicklung vor Augen hält.

[7] An Wilhelm Hertz, 31. Oktober 1861. Fontane fährt fort: *Abwechselnd bestand meine Aufgabe darin, zu der Unbekannten, völlig im Walde versteckten vorzudringen, oder die vor aller Augen Daliegende, aus ihrem Bann, aus ihrem Zauberschlaf nach Möglichkeit zu befreien. [...] Detailschilderung behufs besserer Erkenntniß und größrer Liebgewinnung historischer Personen, Belebung des Lokalen und schließlich Charakterisirung*

märkischer Landschaft und Natur – das sind die Dinge, denen ich vorzugsweise nachgestrebt habe.

[8] An Johann David Erdmann Preuß, 8. Februar 1862.

[9] Ilse Nitsche (Hrsg.): *Die novellistischen Interessen waren stärker in mir als die historischen. Ein bisher unbekannter Brief Theodor Fontanes an Johann David Erdmann Preuß.* In *Fontane-Blätter,* 62/1996, S. 27-30. – Fontane hatte den aus Berlin gebürtigen Bildhauer Johann Gottfried Schadow (1764-1850) irrtümlich in Saalow in der Mark zur Welt kommen lassen, die falsche Angabe, *da sich der ganze Aufsatz auf Saalow steift,* auch nachdem er seinen Fehler erkannt hatte, nicht berichtigt.

[10] Stellvertretend für vielfältige weitere Initiativen sei hier hingewiesen auf Fridrun Rinner / Klaus Zerinschek: *Galizien als gemeinsame Literaturlandschaft. Beiträge des 2. Innsbrucker Symposiums polnischer und österreichischer Literaturwissenschaftler.* Innsbruck 1988 (Innsbrucker Beiträge zur Kulturwissenschaft. Sonderheft 62).

[11] Joachim Fest: *Wege zur Geschichte. Über Theodor Mommsen, Jacob Burckhardt und Golo Mann.* Mit einem Vorwort von Christian Meier. Zürich ²1993, S. 35.

Erich Unglaub

Literaturvermittlung und Literaturgeschichte
Erinnerungen an Horst Joachim Frank

Horst Joachim Frank – lesen, wiederlesen, weiterführen, es sind drei Stationen, die mich ganz persönlich betroffen haben, betreffen und, ich vermute, noch eine ganze Weile betreffen werden. Ich könnte das, auf meine Person bezogen, in einer Miniatur wissenschaftsgeschichtlich und wissenschaftstheoretisch rechtfertigen, begründen und würdigen. Ich will es hier nicht tun, schon der Rahmen würde zu schierem Dilettantismus führen, sondern ich will aus einigen, wenigen Punkten meiner fachdidaktischen und wissenschaftlichen Tätigkeit aufzeigen, welche Berührungspunkte mit dem Werk des Kollegen Frank sich ergeben haben, welche Impulse für mich und Menschen, mit denen ich zu tun hatte und zu tun habe, daraus entsprungen sind und noch immer entstehen.

I

Vor dem Nachdenken über Horst Joachim Frank standen zuerst das Erinnern und das Wiederlesen. Merkwürdigerweise war es nicht das durchaus angebrachte Studium einer Schrift von Herrn Frank, sondern einer von mir selbst: Ein nie veröffentlichtes, aber alle Stationen meines Berufslebens mitwanderndes Manuskript, das dem auf den Lehrberuf vorbereitenden Pädagogischen Seminar (1978/80) in München entsprungen ist und den etwas verwegenen Titel trägt: ,*Europäische Literatur im Deutschunterricht*'. Denn am Ende des germanistischen Fachstudiums und der Referendarzeit hatten die meisten Teilnehmer des Seminars kaum einen rechten Begriff von den vielfältigen Implikationen des Deutschunterrichts, obwohl alle schon an der Schwelle zu einer langjährig angelegten Praxis standen. Dankbar griffen wir Studienreferendare damals zur einzigen Forschungspublikation, die uns wie ein kompetenter Führer in das furchterregende Mysterium und ideologisch aufgeladene Monument

‚Deutschunterricht' hineinführte. Es war der Geheimtipp unter den Referendaren, ein diskreter Hinweis auf die durch und durch gründliche, aber ganz und gar nicht unkritische Darstellung mit dem uns damals etwas betulich vorkommenden Titel: ‚*Dichtung, Sprache, Menschenbildung*'. Erst viel später erfuhr ich, dass nicht der Autor, sondern der Verlag auf dem etwas pathetischen Titel bestanden hatte. Ohne in den letzten zwanzig Jahren in meine Examensschrift hineingesehen zu haben, wusste ich, dass ich diese Publikation von Horst Joachim Frank in meiner Arbeit verwendet hatte, obwohl ich mir damals keinen Gedanken über die Person des Verfassers gemacht hatte. Ein erneuter Blick in das vergilbte Exemplar meiner pädagogischen Examensarbeit bestätigte den grundlegenden Impuls: Schon die Anmerkungen 2 und 3 waren Belege aus Franks ‚*Geschichte des Deutschunterrichts*':

Im ersten, theoretischen Teil untersuchte ich etwas ambitiös die Grundlagen des Fachs und stellte fest, die

> *Veränderungen des (antiken) Bildungskanons erfolgten in der höheren Schule erst mit dem Aufkommen des Unterrichts der Nationalliteraturen als eigenes Studienfach.*

Da ich über diese Materie selbst kaum fundiertes eigenes Wissen hatte, benötigte ich einen renommierten wissenschaftlichen Helfer. Deshalb wurde die Passage: *Die neuere deutsche Literatur verdankt ihre Aufnahme in die Schule dem sich im 19. Jahrhundert wandelnden Bildungsbegriff* mit einer Anmerkung und einem Zitat von Frank ergänzt:

> *Ihre ideelle Verwandtschaft mit den Werken des klassischen Altertums hatte der Dichtung der deutschen Klassik den Eintritt in den Gymnasialunterricht verschafft.*[1]

Der weitere Argumentationsstrang knüpfte eine weitere These an, die ausführte:

> *Es war keineswegs überraschend, daß der Neuaufbau des deutschen Bildungswesens nach 1945 sich auf literarischem Gebiet zunächst wieder auf die humanistischen-abendländischen Bildungsziele und Bildungsinhalte gründete.*

Was ich mir selbst nie zu behaupten getraut hätte, musste Anmerkung 3 leisten, denn hier stellte für mich H. J. Frank (a.a.O. S. 899) fest, dass viele Lesebücher nach 1945 nur Nachdrucke von Werken der zwanziger Jahre gewesen waren.

Diese Bemerkung aus dem Schlussteil meines alten Manuskripts macht mir heute noch deutlich, dass das Standardwerk über die Geschichte des Deutschunterrichts schon damals von vielen Deutsch-Referendaren zwischen Flensburg und München gründlich gelesen worden ist. Horst Joachim Frank war also – ohne dass ich ihn damals persönlich gekannt hätte – eine Art anonymer Schutzheiliger oder Christophorus, der den unbedarften Schulanfänger über die wilden Wasser des Referendariats gehoben hatte. Ich hatte diesen Fährmann gefunden und ihm vertraut, weil er die Gegenstände der Fachdidaktik mit den Instrumenten und der Argumentationstechnik der philologisch und historisch orientierten Fachwissenschaft vorbrachte. Das war im Gesamtkonzept und in den charakteristischen Details klar, plausibel und sauber belegt. So überzeugte er mich und viele andere.

Inzwischen ist dieses wichtige Buch leider vergriffen, aber nicht aus dem Gebrauch gekommen. Denn die ‚*Geschichte des Deutschunterrichts*' ist – mit oftmaligem Nachschlagen und Wiederlesen – ein unentbehrlicher Bestandteil meiner eigenen Standard-Vorlesung ‚*Einführung in die Literaturdidaktik*' geworden. Nirgendwo sonst sind so konzise die historischen Phasen des Deutschunterrichts in einprägsamen Modell-Bezeichnungen gefasst: ‚*Lateinschule*', ‚*Schreibschule*', ‚*Katechismusschule*', ‚*Muttersprachschule*', ‚*Moralische Erziehung*', ‚*Denkschulung*', ‚*Bildung durch Dichtung*', ‚*Nationalerziehung und Germanistik*'. Vielleicht ist es eine altmodische Art zu lehren, wenn man so die Lehren seiner Lehrer anverwandelnd weitergibt.

II

Es geht aber auch anders, wie es ein zweites Beispiel zeigt: Als Mitglied der Internationalen Rilke-Gesellschaft finde ich mich oft in dem dafür spezifischen Internet-Forum (www.rilke.ch) als Ratgeber. Das ist ein „Amt", das kaum Pflichten auferlegt, aber zum schnellen und knappen Dialog anreizt. Ganz unterschiedliche Rilke-Kenner, Rilke-Liebhaber, aber auch Studierende und Schüler wenden sich mit Fragen und Bekenntnissen an diesen weitgehend anonymen und mit vielen virtuell-multiplen Persönlichkeiten gespickten Raum. Im elektronischen Archiv dieses Forums werden „charakteristische" Anfragen wie die folgende gespeichert:

> *Gedichtanalyse Liebes-Lied – Hilfe gebraucht*
> *Anfrage von Flugente: 10. Januar 2005 RWTH Aachen:*
> *Ich bin inmitten der Magisterabschlussprüfungen und habe Germanistik im Nebenfach. Für die schriftliche Prüfung habe ich mir Rilke gewählt. Dafür musste ich ca.10 der ‚Neuen Gedichte' aussuchen. [...] In der Vorbereitung habe ich nun feststellen müssen, dass das, was ich in den letzten Jahren meines Studiums zu tun hatte, nicht im Entferntesten mit den Anforderungen der Prüfung zu tun hat. Und nun sitze ich da! Bitte helft mir, denn wenn ich schon beim ersten Gedicht versage, wie soll ich die andren neun Gedichte interpretieren?! Fühle mich wie ein Anfänger, der noch nie ein Gedicht interpretiert hat. Ich weiß nicht wieso, aber in der Uni brauchte ich das NIE, jetzt ärgere ich mich darüber!!!*
> *Leicht verzweifelte Grüße vom Flugentchen*

Am 20. Januar 2005 schrieb dazu ein e. u.:

> *Hallo,*
> *Immer brauchbar für solche Notsituationen halte ich das kleine Buch von Horst Joachim Frank: ‚Wie interpretiere ich ein Gedicht?' Da steht eigentlich alles drin, was man in Prüfungssituationen grundsätzlich kennen, benennen und beherrschen muss.*
> *Ich kenne eine Reihe von Leuten, die es damit geschafft haben. Und wenn dann noch ein Problem offen bleibt, rate ich, den Verfasser in Glücksburg anzurufen!*
> *Viel Erfolg!*

Es gab eine elektronische Antwort:

> *Flugentchen am 26.Januar 2005: Das Buch von Frank habe ich mir ausgeliehen, und inzwischen habe ich es auch durch und muss Dir zustimmen, es ist wunderbar*

dafür! Dagegen finde ich N.N.s Einführung in die Gedichtanalyse furchtbar kompliziert! Hab ich ganz schnell in die Ecke geschmissen. (smily)
Lieben Dank!
Flugentchen

Noch am 24. April 2005 kam eine Ergänzung:

Ich bin gerade dabei, das Buch durchzuarbeiten. Danke für diese ausgezeichnete Empfehlung!

Es ist erstaunlich, wie sich heute die Wirkungen verlängern, wie weit sie gehen und wie anonym sie dabei auch bleiben. Man könnte viel von der Person, dem erfahrenen und hilfsbereiten Hochschullehrer Horst Joachim Frank erzählen, doch er wird noch lange vielen Studierenden durchs Examen helfen, denn das Buch von 1991 verschwindet nicht aus den Regalen, und wenn es dort einmal fehlt, dann weil es gerade gebraucht wird: Horst Joachim Frank: *Wie interpretiere ich ein Gedicht? Eine methodische Anleitung.* 126 Seiten. 6., unveränderte Auflage Tübingen 2003. Diese Daten sagen viel aus.

III

Das dritte Beispiel des Lesens und Wiederlesens führt 1995 in die ersten Wochen meiner Tätigkeit in Flensburg. Der emeritierte Kollege ließ es sich nicht nehmen, den frischgebackenen Kollegen in die Geheimnisse seiner Gelehrtenstube einzuführen und ihm eine imposante Reihe von Bildschirmen und Datenrechnern zu zeigen, mit denen er arbeitete. Er gab dabei auch zu erkennen, dass hier der Ort sei, an dem die schleswig-holsteinische Literaturgeschichte entstehen sollte. Etwas skeptisch war ich wohl, denn nur zu sehr vertraut waren mir die riesigen Zettelkastenanlagen von anderen Kollegen, die vergleichbare Projekte (meist in großen Autoren-Teams) betrieben, und ich erinnere mich noch gut an seine damalige Sorge, ob er wohl das Werk abschließen könne, nachdem der erste schon recht monumentale Band herausgekommen war. Das war nicht meine Sorge, denn ich wusste wenig von dieser Materie, und so las ich zunächst den ersten Band und war schon gesättigt. Nach Jahren las ich ihn wieder und anders, denn nun bin ich in Braunschweig und sehe Schleswig-Holstein aus einem anderen Blickwinkel. Der erlaubt eine weit schärfere Fokussierung als vordem, und das Bild überzeugt mich erneut. Denn ich sehe, wie mutig Horst Joachim Frank an seinen Untersuchungsgegenstand herangegangen ist. Am Beispiel der Ulenspegel/Eulenspiegel-Gestalt wird das evident. Der Verfasser scheut sich überhaupt nicht, zu erzählen, bekannte Eulenspiegelgeschichten (gekonnt!) zu referieren, mit prägnanten Zitaten zu akzentuieren und so mehr als nur die Ahnung von einem literarischen Werk zu vermitteln. Darauf kommt die lebendige, zupackende Darstellung der Person von Eulenspiegel, die Streifzüge des Vaganten zwischen dem braunschweigischen Schöppenstedt, der Hansestadt Lübeck und dem letzten Ort des literarischen Windbeutels im holsteinischen Mölln. Solche Passagen sind in der Information vielseitig und kundig, vor allem aber mit präzisen historischen Bemerkungen versehen. Die Darstellung ist in den Aussagen immer konkret, nie generalisierend oder pedantisch. Das Registrieren, oft auch Referieren der relevanten Fachliteratur, zeigt die Kenntnis von Spezialstudien ebenso wie die der großen Interpreten des Fachs. Denn auch die intensiven und ertragreichen Forschungen der geschätzten Braunschweiger Fachkollegen Herbert Blume und Eberhard Rohse finden sich in der ‚*Literatur in Schleswig-Holstein*‘ angemessen berücksichtigt, ein Zeichen, wie umsichtig und breit angelegt die Recherchen zu diesem Band gewesen sind. Sachlich, sauber in der Argumentation, vorsichtig gewichtend in Einzelheiten und entschieden im Urteil, damit ist diese Literaturgeschichte ein Buch für Leser geworden. So ist das Kompendium angenehm zu lesen, gerade weil es oft die gewohnte wissenschaftliche Abfolge umkehrt oder variiert und es großzügig dem Leser überlässt, wie weit er in die Materie eindringen will. Er wird nicht zum Durchfressen eines Bergs wissenschaftlichen Hirsebreis gezwungen, um ins gelobte Land der literarischen Werke zu gelangen. Im Gegenteil, die köstlichen Früchte des Paradieses werden sogleich vorgeführt, gelegentlich auch ausgiebig zitiert und die harten Nüsse auf den hinteren Rängen jedes Kapitels den Fachgelehrten aufgehoben. Aber auch sie werden sich angemessen bedient finden.

Dieses lustvolle Umkehren akademischer Usancen in der Darstellung findet sich auch sonst als Prinzip dieses Werks. Immer stehen Personen und literarische Werke, nie die Gelehrsamkeit und lokale Quisquilien im Mittelpunkt.

So stellen sich auch ganz neue Fragen. In dieser Literaturgeschichte werden erstmals die Frauen der Schriftsteller bemerkt, erwähnt und geschätzt als meist nicht unerheblicher Teil des literarischen Lebens. Charakteristisch für Franks Darstellung des 18. Jahrhunderts ist die Aufmerksamkeit für die Flensburgerin Ernestine (Boie) Voß:

> *Man ist nicht weniger erstaunt, wenn man ihre klugen Briefe aus späteren Jahren liest. Als kundige Helferin ihres Mannes, durch seine Lebensbeschreibung und insbesondere durch einen ganzen Band von Briefen an ihren Bruder und dessen Gattin Sara – vom Herausgeber ‚Vossische Hausidylle' betitelt – hat sie sich ihren eigenen Platz in der Literaturgeschichte verdient. Nach Meta Moller, Luise Mejer, der Gattin Boies, und Rebekkea Behn, dem ‚Bauernmädchen' des Matthias Claudius, begegnen wir in diesen Kapiteln mit Ernestine Boie der vierten bewundernswerten Literaturfrau aus dem Bürgerstand dieser Zeit im Norden.*[2]

Den Terminus „Literaturfrau" hat Horst Joachim Frank in die Literaturgeschichtsschreibung eingeführt, nicht als Beschreibungsmetapher, sondern als Auftrag für die Literaturwissenschaft. Er ist – was Ernestine Boie angeht – inzwischen in Angriff genommen worden, auch wenn im Grenzgebiet immer die deutsch-dänischen Untiefen drohen. Es ist eben nicht leicht, die verschränkten Welten im versunkenen dänischen Gesamtstaat in aller Fülle wahrzunehmen. So blieb Jens Baggesens anschauliche Darstellung der Frau des empfindlichen Altphilologen Voß dem Leser verborgen, eine literarische Skizze, die ganz in die bekannte Voßsche Haus-Idylle von Eutin gesetzt wurde:

> *Ernestine, die in der Gartenlaube am Kaffeetisch saß, empfing uns mit der Gastfreiheit und Freundlichkeit einer Hirtin. Sie ist eine kleine, rotwangige, ländlich einfache, natürliche und gutmütige Frau. Fast hätte ich aus ihrer Hand eine Tasse Kaffee angenommen, obgleich dieses Getränk, wie Sie wissen, Gift für mich ist – so lebendig wurde*

> *mir hier in dieser Gartenlaube, an ihrer Seite, zwischen Voß, dem ehrwürdigen Pastor und der alten verständigen Frau, Vossens Mutter, die ebenfalls anwesend war, die Erinnerung an den Kaffee in der ‚Luise'*.[3]

Dass diese Idylle gleichwohl noch in einer anderen Weise eine literarische war, erklärte Baggesen mit einem späteren Hinweis auf die poetischen Vorlieben des Hausherrn, der sentimentale Romane nicht mochte: *Dagegen las er alle Winter abends mit seiner Ernestine den ‚Don Quijote'*.[4] Horst Franks Hinweis auf die „Literaturfrau" war also keineswegs unbegründet.

Den Wechsel der Blickrichtung hat das (für so groß angelegte Werke sehr knappe) programmatischen Vorwort als Vorzug und Bedingung einer regionalen Literaturgeschichte benannt: Es mag auch in diesem Fall Schleswig-Holstein ein Wechsel von Zentrum und Peripherie sein (gesehen von den „nationalen" Zentren Kopenhagen oder Berlin). Ihn zu verkünden, ist eine Sache, ihn auszuarbeiten, eine ganz andere. Welche Schwierigkeiten diese Sachlage auch der heutigen Literaturgeschichtsschreibung bereitet, zeigt auch dieses Werk, das die Kapitel über die dänische Literatur (Jens Baggesen) und die friesische Literatur (Jap Peter Hansen) an den Rand der Darstellung setzen musste. Immerhin hat Horst Joachim Frank diesen Weg zur europäischen Literaturschau bewusst und energisch betreten. [5]

Persönlich anrührend ist die Darstellung des Dichters Prinz Emil von Schönaich-Carolath im Band über das 19. Jahrhundert. In „reichsdeutscher" Perspektive wäre dieser Autor höchstens einer Fußnote würdig, hier füllt er ein ganzes Kapitel.[6] In den Fakten akkurat, anschaulich in der Darstellung und mit großer topographischer Kenntnis zeigt Frank hier ein Leben, das sich zwischen den Gütern im dänischen Palsgaard an der jütländischen Ostküste und im (damals ebenfalls dänischen) Haseldorf an der Unterelbe nur wenig entfaltet und mit den vielen Erinnerungen – die langen Aufenthalte in Breslau, Wiesbaden und im Süden – kaum beschäftigt, auch wenn die materiellen Umstände dem noblen Herrn keine Zwänge auferlegten. ‚*Versagte Erfüllung*' in der literarischen Produktion lässt doch eine ebenso im engen Kreis verantwortungsvolle Persönlichkeit erkennbar werden, deren Literaturanspruch fast sekundär wirkt, den zu untersuchen sich Autor und Leser mit einer entsprechenden Mahnung nähern:

> *Vom Dichter Schönaich-Carolath war bisher noch nicht die Rede. Um dies endlich nachzuholen, blättern wir in seiner Biographie wieder zurück.*[7]

Ein überaus souveräner Umgang des gewieften Chronisten mit seinem Wort, seinem Gegenstand und der Zeit seiner Leser wird hier fassbar. Der eingestimmte Leser schätzt längst die Behaglichkeit des raunenden Erzählers. So nähert man sich mit ihm umsichtig dem Höhepunkt dieses Poetenlebens, den die Literaturgeschichten sonst kaum vermelden, den Besuch des Dichters Rainer Maria Rilke in Haseldorf und die gewaltigen Auswirkungen der ganz selbstlosen Gastfreundschaft des Grafen auf die Entstehung des Romans ‚*Die Aufzeichnungen des Malte Laurids Brigge*'. Über diesen Umweg wird auch deutlich, was der Dichter Rilke dieser schleswig-holsteinischen Konstellation verdankt. In einem solchen wiederholten Kursus – und verlagert nach Prag und Wien – erkennen wir dieses Muster auch an den Beziehungen von Detlev von Liliencron zu Rilke und Karl Kraus.[8] Der Wechsel der Perspektive nützt dem Verständnis ungemein, und so lese ich, als Süddeutscher, in Braunschweig sitzend, dänische und Flensburger Erfahrungen bedenkend, Horst Joachim Franks ‚*Literatur in Schleswig-Holstein*' mit Gewinn. Und ich danke ihm dafür.

---

[1] Horst J. Frank: *Dichtung, Sprache, Menschenbildung. Geschichte des Deutschunterrichts von den Anfängen bis 1945*. Bd.1. München 1978, S. 480.

[2] Horst Joachim Frank: *Literatur in Schleswig-Holstein. Bd. 2: 18. Jahrhundert.* Neumünster 1998, S. 391.

[3] Jens Baggesen: *Das Labyrinth oder Reise durch Deutschland in die Schweiz 1789.* München 1986, S. 41.

[4] Jens Baggesen, a.a.O., S. 43.

[5] Vgl. die Bemerkungen zum deutsch-dänischen Verhältnis schon in der Darstellung des 18. Jahrhunderts. Horst Joachim Frank: *Literatur in Schleswig-Holstein. Bd. 2: 18. Jahrhundert.* Neumünster 1998, S. 729.

[6] Vgl. Horst Joachim Frank: *Literatur in Schleswig-Holstein. Bd. 3.2: 19. Jahrhundert. Zweiter Teil: In Preußen und im neuen Reich.* Neumünster 2004, S. 308-321.

[7] Horst Joachim Frank, a.a.O., S. 311.

[8] Es wäre äußerst beklagenswert, wenn der Band über das 20. Jahrhundert, den Horst Joachim Frank zwar noch konzipiert hatte, aber nicht mehr schreiben konnte, nicht zustande kommen würde.

Helga Bleckwenn

Horst Joachim Frank und die Geschichte des Deutschunterrichts

Meine Beziehung zu Horst Joachim Frank begann im Umgang mit seiner ‚*Geschichte des Deutschunterrichts von den Anfängen bis 1945*' (1973). Diese umfangreiche, grundlegende Monographie zur Fachgeschichte, die bald nach Erscheinen auch als zweibändige Taschenbuchausgabe unter dem Titel ‚*Dichtung, Sprache, Menschenbildung*' (1976) aufgelegt wurde, fand in einer Phase der historischen Aufarbeitung und der Neuentdeckung in den Kulturwissenschaften interessierte Aufnahme sowohl im pädagogischen wie deutschdidaktischen Fachmilieu und wurde schnell als Standardwerk etabliert. Damit habe ich in den achtziger Jahren an meinem damaligen Universitätsort Erlangen-Nürnberg gearbeitet: in fachdidaktischen Seminaren, etwa zur Ausbildung des literarischen Schulkanons, zur Geschichte des deutschen Lesebuchs oder zur Entwicklung des Schulaufsatzes, wurde mit Frank die fachgeschichtliche Basis gelegt. Auch für Forschungen zur Kulturgeschichte um 1900 griff ich immer wieder auf Frank zurück, denn hier wurde die Verbindung der reformpädagogischen Bewegung „vom Kinde aus" zur neuartigen Kunsterziehung und zu einem auf Selbsttätigkeit der Schüler eingestellten Unterricht in klaren Linien quellennah hergestellt. Die schulpädagogische Geschichtsschreibung war durch die Focussierung auf ein Fach exemplarisch ausdifferenziert worden.

Nun gab es, wie meist in der Historiographie, auch zu diesem großen Wurf schon ein Vorgängerwerk, die ‚*Geschichte des deutschen Unterrichts*' von Adolf Matthias (1907). Auch diese Darstellung setzt im Mittelalter ein und führt bis zur Jahrhundertwende 1900. Sie entstand ebenfalls in einer Phase des schulischen Neuaufbruchs, an der Schwelle der Reformpädagogik, und erschien als erster Band des ‚*Handbuchs des deutschen Unterrichts an Höheren Schulen*', war also gymnasial orientiert. Matthias war historiographisch in einfacher Epochengliederung nach Jahrhunderten fortgeschritten, innerhalb dieser Großkapitel fachsystematisch unter verschiedenen Aspekten der Didaktik und Methodik, wie Bestimmung der Lernziele (‚*Die allgemeinen Lehrziele im Deutschen und ihre Bedeutung im Gesamtplane der höheren Lehranstalten*'), Vorstellung von Lehrwerken (‚*Deutsche Orthographiebücher*', ‚*Lesebücher*'), Beschreibung von Teilbereichen (‚*Der Unterricht in deutscher Grammatik*', ‚*Die deutschen Stilübungen*'), Umsetzung im Unterricht (‚*Der Betrieb deutscher Grammatik und deutscher Orthographie in den Schulen*'). Die Geschichte des Deutschunterrichts hat Frank nach Matthias um vierzig weitere Jahre fortgeschrieben und dabei seine Darstellung als Bildungsgeschichte angelegt, zunächst nach Zielen und Funktionen in historischer Abfolge: so für das 18. und 19. Jahrhundert unter den Leitbegriffen ‚*Stilbildung*', ‚*moralische Erziehung*', ‚*Denkschulung*', ‚*Nationalerziehung*'. Vom späten 19. Jahrhundert an geht er dann zu einer gesellschaftspolitisch orientierten Epochenbildung über, wenn er als Kapitel gliedert: ‚*Die nationale Aufgabe des Deutschunterrichts im Kaiserreich*', ‚*Deutschunterricht in der Weimarer Republik*' und ‚*Nationalsozialistischer Deutschunterricht*'. Die verhängnisvolle Entwicklung von der nationalen Orientierung zur nationalistischen Funktionalisierung des Deutschunterrichts ist ihm dabei durchgängig-verbindendes Thema. Auch er nutzt Quellengruppen wie Lehrwerke und Lehrpläne und bezieht pädagogische Literatur ein, doch stärker stellt er markante Positionen dar und breiter referiert er Fachdiskurse. Die stupende Fülle strukturierten und aufgearbeiteten Materials bietet einen Fundus, der unerschöpflich und unentbehrlich für einschlägige Forschungen ist und auch sofort genutzt wurde. Denn in der wissenschaftsgeschichtlichen Revisionsphase nach 1968, als die Germanistik gerade begonnen hatte, ihre Funktion im Dritten Reich zu reflektieren und die ideologischen Wandlungen ihrer Fachvertreter zu rekonstruieren, legte Frank eine Darstellung vor, die derartige Aufarbeitungen, ohne personelle Indizierungen, für den Bereich des Deutschunterrichts schon im Aufriss leistete. Auch für die vorangehenden Epochen des Kaiserreichs und der Weimarer Republik löste er ein, was in den pädagogischen Bezugswissenschaften gerade erst angegangen wurde. Und dies geschah in einer gut lesbaren Darstellung, ohne terminologisches Imponiergehabe, ohne ideologische Fixierung: seine Forschung war hochaktuell, aber nicht modisch angepasst.

Als ich im Rahmen des Besetzungsverfahrens für die Professur, die als „Nachfolge Frank" ausgeschrieben war, in Flensburg meinen Bewerbungsvortrag hielt, machte Horst Joachim Frank sich in einer Pause mit mir bekannt, und diese erste persönliche Begegnung empfand ich in der Situation als wohltuend und erhebend. Erwähnenswert ist auch, dass mir später zur Berufung gerade auf diese Professur besonders gratuliert wurde. Flensburg war als Hochschulort (damals noch eine Pädagogische Hochschule, in Transformation zur Universität) in Süddeutschland nicht sehr bekannt, aber Professoren wie Horst Joachim Frank (und manche seiner Kollegen) hatten auch überregional eine hohe Reputation.

Als ich später, nach Antritt der Flensburger Professur, das Gespräch mit Horst Joachim Frank suchte, musste ich mit Bedauern akzeptieren, dass er, bei aller Aufgeschlossenheit für verschiedenste Fragen und Themen, doch nur rückblickend auf die ‚*Geschichte des Deutschunterrichts*' anzusprechen war: er sah das Werk als abgeschlossenes Kapitel seiner Wissenschaftsbiographie und war ganz mit der Gegenwart beschäftigt, und die war *Literatur in Schleswig-Holstein*. Allerdings, eine Neuauflage des längst vergriffenen Werkes hätte ihn vielleicht schon interessiert; da kam er später gelegentlich ins Sinnieren; doch sind wir über Vorüberlegungen und Voranfragen nicht hinausgekommen. Neben der objektiven Erfolgsgeschichte des Werkes könnte für Horst Joachim Frank wohl auch eine subjektive Erfahrung von Unverständnis im Fachmilieu vorgelegen haben, die er nie thematisierte und in seinem Selbstbewusstsein längst verarbeitet hatte. Kollegenkritik auf einer Fachtagung beispielsweise, dass er nicht soziologische Aspekte des Deutschunterrichts im mehrgliedrigen Schulsystem aufgearbeitet habe – also die Forderung eines anderen Buches, das dem geschriebenen nicht gerecht wird –, könnte bewirkt haben, dass er die Foren mied, nicht in die laufenden Diskurse eingriff und sich auf seine Forschung zurückzog. Ob ihn spätere Bekundungen der Wertschätzung von Didaktik-Kollegen, etwa durch Glückwünsche zu seinem 70. Geburtstag, innerlich erreicht haben, vermag ich nicht zu sagen.

Er war als Forscherpersönlichkeit im besten Nietzsche-Verständnis unzeitgemäß, aber wohl darum so konzentriert, eigenständig und produktiv.

Zu Franks Grundwerk gibt es viele Folgearbeiten, besonders für die Geschichte des Deutschunterrichts nach 1945. Repräsentativ zu nennen ist die seit 1988 von Joachim S. Hohmann und nach dessen Tod ab 1999 von Bodo Lecke herausgegebene Reihe ‚*Beiträge zur Geschichte des Deutschunterrichts*' im Lang-Verlag, in der bisher über 60 Bände mit einschlägigen Monographien, Quellenschriften, Tagungsbänden und Lebensberichten erschienen sind. Immer wieder wird hier auf Frank als Referenzwerk verwiesen. Es gibt auch monographische Studien und gewichtige Kapitel zum neueren Deutschunterricht, Standortbestimmungen aus den siebziger und achtziger Jahren, die allerdings zur eigenen Abgrenzung sehr kritisch gegenüber der Vorgängergeneration ausfallen oder die auf den Teilbereich des Literaturunterrichts konzentriert sind oder die überwiegend die didaktischen Diskurse der letzten Jahrzehnte reflektieren. Neu hinzugekommen als Aufgabe ist der schnell expandierende Bereich der Mediendidaktik. Die Forschung ist also spezialisiert und differenziert weitergegangen. Nach gegenwärtigem Stand, mehr als 30 Jahre nach Frank, fehlt jedoch eine umfassende, übergreifende Fortschreibung der Geschichte des Deutschunterrichts nach 1945, die Fachgeschichte, Methodik und didaktische Konzeptionen der Bundesrepublik Deutschland und der DDR vergleichend erfasst und deren Zusammenführung nach 1990 aufarbeitet.

Doch auch nach dem vorliegenden Werk, aufgrund von Franks Darstellung, ergeben sich neue Aufgaben; zwei Beispiele zum Weiterdenken möchte ich anführen.

Es wäre sicher erhellend, das Fach Deutsch im Kanon der Schulfächer komparativ zu interpretieren. Bekanntlich verlief die Entwicklung des deutschen Unterrichts im Gymnasium in Konkurrenz und, wenn man so will, auf Kosten des Latein- und Griechisch-Unterrichts. Nach Aufarbeitung dieser Geschichte eines Emanzipationsprozesses wäre nun die weitere Ausbildung des Ensembles der sprachlich-literarischen Fächer in den Blick zu nehmen und sie in ihren Komplementärverhältnissen zu analysieren. Welche Aufgaben verblieben beim altsprachlichen Unterricht, welche gingen auf den muttersprachlichen Unterricht über, welche wurden vom neusprachlichen Unterricht übernommen? Lässt sich beispielweise die traditionsreiche Rhetorik-Schulung im Deutschunterricht wiederfinden, oder bleibt sie den Alten Sprachen verbunden? Die Rhetorikforschung hat sich dieses Verhältnisses noch nicht angenommen; bezeichnenderweise war Horst Joachim Frank in dem von Gert Ueding herausgegebenen Aufriss zum kommenden ‚*Wörterbuch der Rhetorik*' (1991) nicht vertreten. Also konkret: die Geschichte der Schulfächer wäre vergleichend-systematisch aufzuarbeiten.

Weiter, als Beispiel, wären die produktiven Methoden des Literaturunterrichts, also die vielfältigen Anregungen zum Selbst-Gestalten und Kreativen Schreiben, diachron zu untersuchen. Diese in den siebziger bis neunziger Jahren dominierenden Verfahren haben zwar durchaus Anregungen aus der Reformpädagogik aufgenommen und auch explizit darauf verwiesen, aber nicht rückschauend Traditionslinien ausgebildet; nur gelegentlich wurde in didaktischer Literatur an Formen literarischer Geselligkeit früherer Epochen erinnert. Wie aber erweitert sich das didaktische Verständnis, wenn wir die literarischen Übungen des früher prägenden Latein- und Griechisch-Unterrichts einbeziehen? Wie lernte der Schüler Friedrich Schiller, Gelegenheitsgedichte und Oden zu schreiben? Wieder konkret: die jeweils praktizierten Verfahren sind in ihrer Beziehung zur Literatur und deren Wissenschaften zu reflektieren.

Diese Anregungen zum Weiterdenken tendieren zur fachübergreifenden Kooperation, zu teamorientierten Projekten – und sie entsprechen darin nicht Horst Joachim Franks Arbeitsweise. Ihm selbst war der Wandel der Forschungsorganisation sehr bewusst; konkrete Zahlen nennend verglich er auch einmal die gelegentliche Mittelzuwendung der Universität Flensburg für seine Archiv- und Bibliotheksreisen zur ‚*Literatur in Schleswig-Holstein*' mit der Finanzierung eines vergleichbaren Projekts in einem anderen Bundesland. Vielleicht ist auch dies sein Vermächtnis: die Große Erzählung, wie sie in der allgemeinen Historiographie und in der Biographik mittlerweile wiederentdeckt und gewürdigt ist, auch in der Geschichte eines Unterrichtsfaches als Aufgabe und Leistung zu begreifen.

Frank, Horst Joachim: *Geschichte des Deutschunterrichts von den Anfängen bis 1945.* München: Carl Hanser 1973.
Später als Taschenbuchausgabe:
-----: *Dichtung, Sprache, Menschenbildung. Geschichte des Deutschunterrichts von den Anfängen bis 1945.* 2 Bde. München: Deutscher Taschenbuchverlag 1976 (=Wissenschaftliche Reihe, Bd.4271/2).

Matthias, Adolf: *Geschichte des deutschen Unterrichts.* München: Beck 1907. (= Handbuch des deutschen Unterrichts an Höheren Schulen, Bd. 1,1).

Hohmann, Joachim S., [ab 1999] Bodo Lecke (Hg.): *Beiträge zur Geschichte des Deutschunterrichts.* Bd. 1ff., 1988ff. [zuletzt Bd. 64, 2009]

Ueding, Gert (Hg.): *Rhetorik zwischen den Wissenschaften. Geschichte, System, Praxis als Probleme des ‚Historischen Wörterbuchs der Rhetorik'.* Tübingen: Niemeyer 1991.

Dieter Lohmeier

Meine persönliche Bekanntschaft mit Horst Joachim Frank begann, wenn mich meine Erinnerung nicht täuscht, erst in der Zeit, als ich von der Kieler Universität in die Schleswig-Holsteinische Landesbibliothek übergewechselt war, also nach 1985; er war ja während seiner Arbeit an seinem großen Werk ‚*Literatur in Schleswig-Holstein*' ihr ständiger Benutzer. Meine Bekanntschaft mit seinen Veröffentlichungen hingegen ist älter. Sie geht auf das ‚*Handbuch der deutschen Strophenformen*' zurück, das ich mir bald nach seinem Erscheinen 1980 gekauft habe. Ich habe es seitdem viel und mit Gewinn benutzt, vor allem zur Vorbereitung meiner Lehrveranstaltungen an der Universität über Probleme oder Epochen der Lyrik. Für eine Veranstaltung, in der vom Lesen und Wiederlesen der Schriften Horst Joachim Franks die Rede sein soll, ist es freilich kein besonders geeigneter Gegenstand, denn Lesefutter ist das ‚*Handbuch*' ebenso wenig wie andere Handbücher, da seine Grundsubstanz Säulendiagramme sind, die auf dem Auszählen von Gedichtsammlungen beruhen. Man benutzt es vor allem zum Nachschlagen bei Bedarf, freut sich über die soliden und präzisen Informationen, die man in den Erläuterungen zu Häufigkeit und Charakter der einzelnen Strophenformen findet – und denkt zuweilen mit einigem Schaudern an die hartnäckige Fleißarbeit, deren Ergebnisse man da einfach „absahnt".

Das große Werk über ‚*Literatur in Schleswig-Holstein*' ist für die heutige Veranstaltung wesentlich besser geeignet, denn es ist nun wirklich ein Buch zum Lesen, zum Wiederlesen und – nicht zuletzt – zum Weiterlesen. Eine so umfassende Darstellung der Literatur in Schleswig-Holstein von den Anfängen bis 1900 hat es bisher noch nicht gegeben. Man muß schon bis zum Jahre 1744 zurückgehen, um etwas Vergleichbares zu finden: die dreibändige ‚*Cimbria literata*', in der der Flensburger Rektor Johannes Moller alle ihm erreichbaren Informationen über Leben und Werke der in den Herzogtümern Schleswig und Holstein, Lübeck und Hamburg tätigen Autoren und Gelehrten zusammengetragen hat. Ein so breit angelegtes Werk, wie Horst Joachim

Frank es unternommen hat, kann man nicht als eine in sich gerundete Gesamtdarstellung konzipieren, denn es gibt keine schleswig-holsteinische Literaturgeschichte mit eigenen Entwicklungslinien und Traditionen, sondern nur eine in Schleswig-Holstein geschriebene Literatur, die in größere – zunächst europäische und später nationalliterarische – Zusammenhänge eingebunden ist, deren Entwicklungen folgt und sie spiegelt.

Horst Joachim Frank baut sein Werk aus in sich geschlossenen Kapiteln über einzelne Autoren und Autorengruppen auf und ordnet diese im wesentlichen nach den Chronologie. Ein solches Konzept geht, anders als das alphabetische, das Johannes Moller für sein enzyklopädisches Werk benutzt hatte, natürlich niemals ganz glatt auf, aber so, wie Frank es handhabt, ist es pragmatisch und vernünftig. So findet man im ersten Band, auf den ich mich hier beschränken will, eine Fülle von Werken besprochen: von der Slawenchronik des Helmold von Bosau über die Bordesholmer Marienklage bis zu Adam Olearius und Daniel Georg Morhof. Man findet nicht nur Werke in mittelhochdeutscher und neuhochdeutscher Schriftsprache vorgestellt, sondern auch die neulateinischen Werke des Dichterkreises um den Statthalter Heinrich Rantzau, und selbst die beiden geistlichen Lieder, die Anton Heimreich 1666 in seiner ‚*Nordfresischen Chronik*' veröffentlicht hat und die die einzigen erhaltenen Zeugnisse des Nordstrander Friesisch darstellen, sind berücksichtigt. Bemerkenswert ist auch, daß der bedeutende Niederschlag, den der schleswigsche Pietismus in den geistlichen Liedern fand, die Hans Adolph Brorson in Tondern schrieb und die zum Kernbestand der älteren dänischen Literaturgeschichte zählen, ebenfalls mit in die Darstellung einbezogen ist. Als „Literatur" versteht Horst Joachim Frank nicht nur schöngeistige Werke, sondern auch die Sachliteratur wie Helmolds Slawenchronik, die städtische Chronistik aus Lübeck und ihr bäuerliches Gegenstück von der Westküste oder die Bücher des Gottorfer Hofgelehrten Adam Olearius.

Anders als ein gelehrter Polyhistor vom Schlage Johannes Mollers, der sich im wesentlichen auf das Sammeln und Aufbereiten von Fakten und Werktiteln beschränkte, kann ein Werk mit der zeitlichen und thematischen Spannweite von Franks ‚*Li-*

teratur in Schleswig-Holstein' heute natürlich nicht mehr allein aus eigener Forschung schöpfen, sondern muß auf den Forschungen anderer aufbauen. Es kann dies auch gut und gerne tun, weil seine eigentlichen Leser ja nicht die spezialisierten Fachleute sind, sondern die gebildeten Laien. Horst Joachim Frank nutzt die vorhandene Forschung mit der Unerschrockenheit des altgedienten Pädagogen, der es gewohnt ist, mit fremden Kälbern zu pflügen, und konzentriert seine eigene Energie vernünftigerweise vor allem darauf, die vielen besprochenen Werke zu lesen und zum Sprechen zu bringen. Zu diesem Zweck schlägt er trotz der breiten Anlage des Werkes in den einzelnen Kapiteln eine gemächliche Gangart an und räumt zentralen Autoren wie dem Wedeler Pastor Johann Rist gut 50 Seiten ein. Auf diese Weise kann er die Autoren selbst verhältnismäßig ausführlich zu Wort kommen lassen. Das ist zumal im ersten Band nicht nur sinnvoll, sondern auch erforderlich, weil in ihm zumeist Werke behandelt werden, deren Kenntnis der Autor bei den Lesern nicht voraussetzen kann und die ihnen im allgemeinen auch nur in wissenschaftlichen Bibliotheken zugänglich wären, weil ihr Alter und ihre Seltenheit eine Ausleihe zur bequemen häuslichen Lektüre nicht zulassen. Und es versteht sich von selbst, daß die lateinischen Texte bis auf eine kurze Stilprobe in Original und Übersetzung im übrigen in deutschen Übersetzungen zitiert werden. Auf diese Weise erhält der Leser einen mit Anschauung gesättigten Überblick über die Literatur in Schleswig-Holstein, der über sieben Jahrhunderte reicht. Er bekommt zudem einen Leitfaden an die Hand, dem er sich bei weiterer Beschäftigung mit diesem oder jenem der besprochenen Autoren und Themenkomplexe getrost anvertrauen kann, denn Frank bietet auch das nötige Beiwerk: Nachweise der Zitate, der vorliegenden und benutzten Werkausgaben sowie der wichtigsten einschlägigen Forschungsliteratur, alles dies benutzerfreundlich im unmittelbaren Anschluß an jedes Kapitel, dazu Namensregister am Ende der Bände, lebende Kolumnentitel und verhältnismäßig detaillierte Inhaltsverzeichnisse, die die Kapitel weiter untergliedern. Man kann sich also schnell orientieren und das Werk, das eigentlich ein Buch zum Lesen ist, auch zum Nachschlagen benutzen.

Als Helga Bleckwenn mich bat, den Themenbereich der „Literatur in Schleswig-Holstein" zu benennen, über den ich heute am liebsten sprechen würde, dachte ich sofort an den ersten Band und insbesondere an dessen erste Kapitel über die Literatur des Mittelalters. Das waren nämlich diejenigen Kapitel, auf die ich beim Erscheinen des Bandes 1995 am neugierigsten gewesen war. Sie behandelten eine Epoche, über die ich nicht selbst geforscht und veröffentlicht hatte; ich war also unvoreingenommen und rechnete damit, hier am meisten zu erfahren, was ich nicht schon selbst aus erster oder zumindest aus zweiter Hand kannte. Diese Erwartung täuschte mich nicht. Von der Slawenchronik des Helmold von Bosau, der das erste Kapitel gilt, kannte ich immerhin schon den Text, aber die Jenseitsvisionen des Bauern Gottschalk, die im zweiten Kapitel behandelt sind, und die Lübecker Chroniken, die im dritten zur Sprache kommen, kannte ich bestenfalls vom Hörensagen, um nur diese Beispiele zu nennen. Die Lektüre hatte damals zur Folge, daß ich beschloß, mir die Visionen Gottschalks selbst einmal vorzunehmen und das dann auch wirklich tat. Jetzt, bei erneuter Lektüre dieser Kapitel, habe ich auch sehen können, was mich damals an ihnen interessiert und mich zum Weiterlesen motiviert hatte.

Das erste Kapitel des ganzen Werks beginnt mit den Sätzen: *Geschehenes wird durch Erzählungen zur Geschichte. Und wo Erzählungen aufgeschrieben werden, entsteht Literatur.* Diesem Ursprung der Literatur bleibt Frank dadurch verbunden, daß er selbst sich die Zeit nimmt, dem Leser Geschichten zu erzählen. Es sind Geschichten wie die des Bauern Gottschalk aus einem der Dörfer nördlich von Neumünster, der in den Dezembertagen des Jahres 1189 mit einem Aufgebot seines Dorfes vor die Burg Segeberg kommandiert wird, um sie im Namen Heinrichs des Löwen zu belagern und nach Möglichkeit die treuen Gefolgsleute Kaiser Barbarossas, der sich gerade auf dem Kreuzzug befindet, und seines Vasallen, des Grafen Adolf III. von Schauenburg, zur Übergabe zu bewegen. Gottschalk wird von einem Fieber befallen und liegt tagelang wie tot in seinem Zelt; nur noch ein Zucken um den Mund läßt erkennen, daß er noch nicht gestorben ist, und veranlaßt die andern Bauern aus dem Dorf, ihn nicht zu begraben oder zurückzulassen, sondern mühsam wieder mit nach Hause zu nehmen. Dort kehrt er nach einiger Zeit ins

Leben zurück und behauptet, er sei im Jenseits gewesen und durch das Fegefeuer bis zum Paradies gelangt. Seine Erzählungen erregen so viel Aufsehen, daß ein Augustinerchorherr aus Neumünster und der Pfarrer aus Nortorf ihn aufsuchen und seinen Bericht aufschreiben.

Diese wenigen Sätzen mögen genügen, einen Eindruck davon zu geben, was es bedeutet, daß Horst Joachim Frank sich in seiner Darstellung der ‚*Literatur in Schleswig-Holstein*‘ die Zeit zum Erzählen nimmt. Der Leser wird neugierig auf Gottschalk und die „unerhörte Begebenheit", die sich mit ihm ereignet hat, und erfährt zugleich das Nötige über den historischen Hintergrund des Erzählten. Und in einem weiteren Schritt bietet Frank so viele Kostproben aus den Jenseitsvisionen, daß der Leser eine anschauliche Vorstellung vom Aufbau und – nicht zuletzt – von der bildlichen Kraft des Textes bekommt. In aller Kürze wird er auch über die Existenz der beiden verschiedenen Aufzeichnungen und die Veröffentlichung der einen von beiden durch keinen Geringeren als Gottfried Wilhelm Leibniz informiert. Und ganz am Ende des Abschnitts steht die Frage: „Welche imaginative Kraft hatte vor Jahrhunderten in einem einfachen Bauern eine solche Bilderwelt hervorgebracht?" Das heißt: Horst Joachim Frank verzichtet gänzlich auf psychologische Erklärungen für Gottschalks Geschichte, und er geht auch nicht auf verwandte Texte des Mittelalters ein, weil sich die Besonderheit dieses einen schleswig-holsteinischen Textes aus ihnen nicht ableiten läßt. Er nimmt sich vielmehr die Freiheit, diesen erstaunlichen Bericht als einen literarischen Text zu nehmen. Als Leser habe ich mich 1995 zuverlässig informiert und zugleich zum Weiterlesen motiviert gefühlt. Kann man von einer Darstellung der Literaturgeschichte mehr verlangen?

Horst Joachim Frank: *Handbuch der deutschen Strophenformen*. München, Wien: Hanser 1980. 2. durchges. Aufl. Tübingen, Basel: Francke 1993 (= UTB 1732).

Horst Joachim Frank: *Literatur in Schleswig-Holstein. Bd. 1: Von den Anfängen bis 1700*. Neumünster: Wachholtz 1995.

Hannelore Jeske

Begegnung mit Klaus Groth in der ‚Literatur in Schleswig-Holstein' von Horst Joachim Frank

Bis vor einigen Jahren schlug ich eine Literaturgeschichte auf, wenn ich mich über eine literarische Epoche oder einen Dichter in großen Zügen informieren wollte. Als ich jedoch in dem Werk Horst Joachim Franks, meines verehrten Lehrers und „Doktor-Vaters", las, erhielt ich über umfassende Informationen hinaus viel mehr, z. B. in dem Kapitel über Klaus Groth:

Mit einer der bekanntesten Balladen führt Frank den Leser ein in sein über 50 Seiten umfassendes Kapitel über den *Begründer der neuniederdeutschen Dichtung* (Frank 3.1, S. 433). Er bereitet ihn emotional auf die Dichtung Groths vor und zeigt ihm mit wenigen Worten, wodurch die Ballade über den Untergang des alten Büsum wirkt: Frank weist hin auf die *lapidaren Reimpaarverse,* auf die *eindringlichen, den gleichmütigen Gang der Wogen anaphorisch malenden Wortwiederholungen,* auf die Bilder von *der Urgewalt der Sturmflut, der kein Menschenwerk zu widerstehen* vermag, und auf das strenge hochdeutsche Predigerwort *Begrabt den Leib in seine Gruft,* das die *raunende Erzählung im vertrauten Klang der niederdeutschen Muttersprache* beendet. (S. 433)

So eingestimmt folgt der Leser Frank bereitwillig zurück in die Kindheit des Dichters nach Lüttenheid in Dithmarschen, wo Klaus Groth 1819 geboren wurde und in wirtschaftlich gesicherten kleinbürgerlichen Verhältnissen und in familiärer Geborgenheit aufwuchs. Frank lässt den Dichter selbst zu Wort kommen, wenn dieser z. B. in dem Gedicht ‚*Min Jehann'* seinen jüngeren Bruder mit *erinnernden Fragen [...] voller Wehmut in eine verklärte Kindheit* (S. 443) zurückführt:

Ik wull, wi weern noch kleen, Jehann,
Do weer de Welt so grot!
Wi seten op den Steen, Jehann,
Weest noch? bi Nawers Sot.
An Heben seil de stille Maan,
Wi segen, wa he leep,
Un snacken, wa de Himmel hoch
Un wa de Sot wul deep.

In kurzen Zügen skizziert Frank die nächsten Jahrzehnte und lässt dabei als durchgehenden Zug im Leben Klaus Groths dessen meist autodidaktisches Mühen um Bildung erkennbar werden, indem er berichtet, wie der in der Schule Unterforderte sich im Unterricht mit anderen Büchern befasste, wie der als Schreiber des Kirchspielvogts nicht Ausgelastete die Bibliothek seines Arbeitgebers ziemlich wahllos durchlas, wie sein Streben nach Bildung im Lehrerseminar in Tondern in geregelte Bahnen gelenkt wurde. Frank beschreibt aber auch, wie der junge Lehrer seinen Beruf zunehmend vernachlässigte, da seine Interessen und sein Streben in der Arbeit mit Schulkindern unbefriedigt blieben, und wie schließlich eine seelische Krise, dem ein körperlicher Zusammenbruch folgte, ihn aus den beruflichen Fesseln befreite. Bei einem Freund auf Fehmarn erholte Klaus Groth sich allmählich, las und arbeitete an seiner Bildung mit einer wahren Besessenheit, denn er wusste inzwischen, wohin sein führen sollte: Er wollte Schriftsteller werden.

Nachvollziehbar weist Frank auf Spuren und Wegweiser auf dem Weg zur niederdeutschen Dichtung Groths hin, auf den poetischen Ausfluss aussichtsloser Liebe im Heine-Ton, auf die plattdeutsche Rede der holsteinischen Bauern in den ‚*Veerlander Idyllen*' des Johann Heinrich Voß, die Dialektgedichte des Schotten Robert Burns und vor allem die ‚*Alemannischen Gedichte*' von Johann Peter Hebel, in denen Groth fasziniert die Möglichkeit echter Lyrik in Mundart entdeckte.

Auf Fehmarn begann Klaus Groth in seiner „Modersprak" zu dichten, den Möglichkeiten des Plattdeutschen, das nur noch als gesprochene Sprache des täglichen Gebrauchs Verwendung fand, nachzuspüren und Niederdeutsch in die Sprache von Dichtung zu heben. Mit einem liebevollen Lob auf seine Sprache leitet er den Gedichtband ‚*Quickborn*' ein:

> *Min Modersprak, wa klingst du schön!*
> *Wa büst du mi vertrut!*
> *Weer ok min Hart as Stahl un Steen,*
> *Du drevst den Stolt herut.*

Dem Kapitel über den Begründer der neuniederdeutschen Literatur gab Frank den treffenden Titel ‚*Der Dichter des Quickborn: Klaus Groth*'. Seine Gedichte machten ihn bekannt, auch über die Grenzen Schleswig-Holsteins hinaus; der ‚*Quickborn*' muss zeitweise ein Volksbuch gewesen sein. Als ich, angeregt durch die Literaturgeschichte Franks, mich in das Werk Groths vertiefte, stieß ich auf kleine Gedichte, die unversehrt aus einer Abstellkammer meines Gedächtnisses auftauchten, wo sie seit meiner frühen Kindheit ruhten, z. B. das Kinderlied

> *Still, min Hanne, hör mi to!*
> *Lüttje Müse piept int Stroh,*
> *Lüttje Vageln slapt in Bom,*
> *Röhrt de Flünk un piept in Drom.*

Tief betroffen machte mich damals das Lied von dem leichtgläubigen ‚*Matten Has*' und dem hinterlistigen Fuchs, dessen Stoff

> *dem Dichter als Volksgut und parabolisch wohl auch aus dem niederdeutschen Epos ‚Reinke de Vos' geläufig* [*war*]. *Der Fuchs nutzt die Leichtgläubigkeit des Hasen aus, dieser fällt auf die Verstellung herein und wird am Ende vom Fuchs nicht bloß gefressen, sondern genüsslich verspeist* (S. 452):

> *Un sett sik in Schatten*
> *Verspis' de lütt Matten:*
> *De Krei, de kreeg een*
> *Vun de achtersten Been.*

Doch Kinderlieder machen nur einen kleinen Teil des ‚*Quickborn*' aus. In seinen plattdeutschen Gedichten schildert Groth seine Dithmarscher Heimat: In Bildern aus dem Volksleben und in Darstellungen einzelner Personen, die durch ihre Handlungen charakterisiert werden, in Szenen aus der Historie und der Sagenwelt, auch in längeren Erzählungen in Gedichtform, in Landschaftsbildern und Liebesgedichten.

Informative Anmerkungen Franks und Erläuterungen, die in kürzester Form das Wesentliche treffen und nicht selten durch anschauliche Textstellen ergänzt werden, erleichtern das Verstehen der rund 150 Jahre alten plattdeutschen Dichtung. Prägnanter und einfühlsamer kann ich mir zum Beispiel keine Kommentierung eines Liebesgedichts Groths vorstellen als mit den Worten des Literaturwissenschaftlers Frank:

> *Verhalten im Ton [...] klingt es, wenn im Widerstreit von scheuer Abweisung und liebendem Verlangen das Mädchen sinnt:*
>
> > *‚He sä mi so vel, un ik sä em keen Wort,*
> > *Un all, wat ik sä, weer: Jehann, ik mutt fort!'*
>
> *Die Sprache bleibt [...] ganz im Konkreten; die seelischen Zustände werden ‚fast durchweg nach ihren körperlichen Erscheinungsformen geschildert'.* (S. 445)

Die Dichtung des ‚Quickborn' ist facettenreich, doch über allem liegt ein *Hauch von Melancholie*, wie Frank sagt.

> *Die Innigkeit, mit der Groth die Welt des Quickborn geschildert hat, galt jenen vormodernen Lebensverhältnissen, die spätestens seit der Jahrhundertmitte mit der Industrialisierung, der Intensivierung der Landwirtschaft und den Wanderungsbewegungen zum Untergang verurteilt war. Groth war dies schmerzlich bewusst, und so hat er jene ‚umhegte und überschaubare' Welt ‚im Augenblick ihres Verschwindens geschildert'.* (S. 447)

Der ‚Quickborn' erschien 1852, als die Schleswig-Holsteiner sich nach der gescheiterten Erhebung gegen die dänische Herrschaft in einem nationalen Tief befanden. Als eine Dichtung, die die kulturelle Eigenart einer deutschstämmigen Landschaft dokumentiert, wirkte sie erhebend auf das Selbstgefühl und wurde ein großer Erfolg. Klaus Groth war ein berühmter Dichter geworden.

Der Philologe Karl Müllenhoff holte ihn nach Kiel und gemeinsam überarbeiteten sie die Rechtschreibung und Sprache der dritten Auflage des ‚Quickborn', die der ersten bereits zwei Jahre später folgte. Das Verhältnis zwischen dem Dichter, der von den Kenntnissen des Philologen profitierte, und dem Gelehrten, der die plattdeutsche Dichtung des ‚Quickborn' bewunderte, aber auch Groths Grenzen offenbar besser einschätzen konnte als dieser selbst, wird anschaulich geschildert; bemüht, beiden gerecht zu werden, stellt Frank auch das Ende der Beziehung dar: Zu dem Zerwürfnis kam es, als Groth sich zum deutlich formulierten Entsetzen Müllenhoffs um dessen frei werdenden Lehrstuhl an der Universität Kiel bewarb, nachdem ihm vorher auf einer Bildungsreise von der Universität Bonn die Ehrendoktorwürde verliehen worden war. Die Bewerbung führte zu der *größten Enttäuschung seines Lebens* (S. 457); denn er kam nicht einmal in die enge Auswahl. Doch seine hierzu verfasste Schrift *‚Briefe über Hochdeutsch und Plattdeutsch'*

> *war keine im eigentlichen Sinne wissenschaftliche Untersuchung, sondern eine emphatische, Vorurteile bekämpfende und selber von Vorurteilen geleitete Schutzschrift für das Plattdeutsche* (S. 457),

wie Frank sie, detailliert begründet, bewertet. Auch an anderen Stellen findet man Wertungen der – dichterischen – Arbeiten Groths, z. B. der in Hexametern verfassten Liebesgeschichte ‚Hanne ut Frankrik' (S. 446 f.), der hochdeutschen Gedichte Groths (S. 453 f.) und der Verserzählung ‚De Heisterkrog' (S. 465 f.), indem Frank die Urteile anderer wiedergibt und auch selbst Stellung bezieht.

Nicht zuletzt im Blick auf bessere Verdienstmöglichkeiten hatte Groth sich inzwischen der Prosaerzählung zugewandt und 1855/1858 erschienen zwei Bände mit ‚Vertelln'. Die zeitgeschichtlich Bemerkenswerteste, ‚Detelf', stellt Frank vor, indem er den Inhalt in wesentlichen Zügen interpretierend wiedergibt und seinen Aussagen durch treffende Zitate Nachdruck verleiht, z. B. in der charakterisierenden Darstellung des Protagonisten während der schleswig-holsteinischen Erhebung:

> *Groths ‚Detelf' erlebt den Krieg in all seiner Härte. Er*

> *steht überzeugt auf der Seite der Schleswig-Holsteiner, er kämpft, weil es die patriotische Pflicht gebietet, doch er leidet unter dem Widersinn des Tötens. Der deutschen Dichtung seit den Freiheitskämpfen gegen Napoleon und während der folgenden Kriege fehlt es nicht an heroischen Schilderungen und blutrünstigen Appellen. Groth hingegen ließ seinen Detelf die grausame Wirklichkeit des Krieges erleben in der Niederlage bei Idstedt und dem sinnlosen Gemetzel vor Friedrichstadt.* (S. 463)

Ein längeres Zitat aus der Erzählung Groths macht die abstrakt zusammenfassenden Aussagen Franks in konkret-grausigen Bildern anschaulicher und eindringlicher.

Ebenso eingebettet *in eine durchaus wirklichkeitsnah gezeichnete dörfliche Lebenswelt mit ihren zeitnahen Problemen* (S. 464) stellt Frank die Dorfgeschichte ‚Trina' vor und auch die Versidylle ‚Rotgeter Meister Lamp un sin Dochder' mit ihren realistischen Bildern *der bäuerlichen und kleinbürgerlichen Lebenswelt [...] am Faden einer einfachen Handlung.* (S. 464/5)

1871 erschien die Verserzählung ‚De Heisterkrog', die Frank zwar nicht so überschwänglich lobt wie Detlef von Liliencron und Emanuel Geibel, aber als *Groths reifstes Erzählwerk* (S. 466) beurteilt. Wenn man, neugierig geworden durch die Literaturgeschichte, die Erzählung selbst liest und begleitend dazu die Ausführungen Franks, dann wird durch die kluge und feinfühlige Kommentierung das Verständnis erweitert und vertieft, so dass die ungewohnte und daher eher beschwerliche Lektüre in plattdeutscher Sprache zum Genuss werden kann.

‚De Heisterkrog' war die letzte größere Dichtung Groths. Inzwischen war sowohl in privater als auch in politischer Hinsicht viel geschehen, dargestellt im *Zusammenhang von Leben und Werk* (S. 5), wie Frank selbst sein Bemühen im Vorwort zu Band 3.1 ankündigt: Auch ohne gesichertes Einkommen hatte Klaus Groth geheiratet, doch sein Schwiegervater unterstützte die Familie finanziell, solange er dazu in der Lage war. Diese, inzwischen auf fünf Personen herangewachsen, war in Kiel in ein eigenes Haus gezogen. Als 1864 die dänische Herrschaft in Schleswig-Holstein beendet war, residierte, bevor das Land preußische Provinz wurde, auf dem Kieler Schloss ein österreichischer Statthalter, dem Groth die Verleihung des Professorentitels und eine größere jährliche Unterstützung als die – inzwischen eingestellte – dänische verdankte. Trotzdem steckte er offenbar ständig in finanziellen Schwierigkeiten, denn die Einnahmen durch seine Werke waren zu gering.

Doch diese fanden öffentliche Anerkennung, u. a. durch die Auszeichnung mit dem Ehrenpreis der Weimarer Goethe-Stiftung und dem Schillerpreis. Seine zweite Heimat Kiel benannte den Platz vor seinem Hause nach ihm und machte ihn 1899 – kurz vor seinem Tode – zum Ehrenbürger. In Heide wurde 1914 das Klaus-Groth-Museum eröffnet und seit 1949 verfolgt die Klaus-Groth-Gesellschaft das Ziel, das Werk des Dichters zu bewahren, die Groth-Forschung zu unterstützen und das Museum zu erhalten.

Das Werk des Dichters nicht nur zu bewahren, sondern auch – trotz seiner Bindung an eine vergangene Zeit und einen regional eng begrenzten Raum – zu neuem Leben zu erwecken, dazu kann die umfangreiche Darstellung Franks beitragen, gerade in heutiger Zeit, in der dem Niederdeutschen in einigen Bereichen eine Daseinsberechtigung, sogar eine Bereicherung zuerkannt wird. Indem ich mich in die Literaturgeschichte vertiefte, bekam ich Lust nachzulesen, was so verlockend klar in wesentlichen Zügen vorgestellt und durch Textbeispiele veranschaulicht wurde. Einfühlsame und das Wesentliche mit wenigen treffenden Worten benennende Interpretationen, getragen von umfassender Menschenkenntnis eines mit beiden Beinen im Leben stehenden Gelehrten, und erhellende Hinweise auf Zusammenhänge zwischen dem Dichter Klaus Groth und seiner Dichtung, seiner Zeit und der Lebenswelt seiner Gedichte, Erzählungen und Versidyllen begleiteten meine Lektüre der Werke, erweiterten mein Verständnis und öffneten mir die Augen für manches, das ich wohl nicht gesehen hätte. Darüber hinaus geht Frank auch näher ein auf Menschen, mit denen Groth in enger Verbindung stand, die für seine Persönlichkeit oder sein Werk von Bedeutung waren, die ihm vorangingen, ihn begleiteten oder ihm nachfolgten. Er lässt Kritiker zu Wort kommen und bezieht selbst – moderat und abwägend – Stellung. Durch die Hinweise und Verweise in den

Endnoten und die Literaturangaben bietet sein Werk die Möglichkeit sich gezielt und detaillierter zu informieren als es eine – nicht einmal diese – Literaturgeschichte vermag. Mit Bewunderung erfüllt mich das faszinierend dargebotene breite und tiefe Wissen um die Literatur in Schleswig-Holstein.

Horst Joachim Frank: *Literatur in Schleswig-Holstein. Bd. 3.1: 19. Jahrhundert. Erster Teil: Im Gesamtstaat.* Neumünster 2004, S. 433-485: *14. Der Dichter des Quickborn: Klaus Groth.*

Erich Maletzke

Ich muss gestehen: Als mich Professor Sladek fragte, ob ich im Rahmen dieser Gedenkveranstaltung einen Beitrag liefern könnte, da war ich überrascht. Ich bin kein Literaturwissenschaftler, und ich habe Horst Joachim Frank nur einmal persönlich erlebt. Nämlich im September 2004, als er in der Kieler Landesbibliothek die beiden dritten Bände seines monumentalen Werkes vorstellte.

Wie es bei solchen Veranstaltungen üblich ist, scharten sich am Ende der Reden die Gratulanten um den Autor. Man wechselte einige Worte, lobte das Werk, äußerte den dringenden Wunsch, dass auch noch der fehlende vierte Band über das 20. Jahrhundert möglichst schnell erscheinen möge. Dass er, nicht zuletzt beflügelt durch den Erfolg, weitermachen werde, hatte Professor Frank in seiner Rede bereits vorsichtig angedeutet. Und wer in diesem Augenblick auf die Verlegerin Frau Wachholtz blickte, der hätte gerne Gedanken lesen mögen. Die Idee begrüßte sie natürlich, schließlich hatte auch sie ein Weitermachen empfohlen. Aber gleichzeitig stellte sich einmal mehr die Frage nach der Finanzierung. Denn, wie bei vielen anderen Büchern, steht auch in diesem Fall das überschwängliche Lob für Autor und Werk im umgekehrten Verhältnis zu der Bereitschaft, statt eines neuen Jacketts oder eines Autozubehörs ein Nachschlagewerk zu erwerben. Ein Werk, das noch Gültigkeit besitzt, wenn das Kleidungsstück längst aus der Mode geraten und das Auto abgeschrieben ist.

Da ich bei dem besagten kleinen Festakt in der Landesbibliothek als Journalist geladen war, habe ich natürlich einen Bericht geschrieben. Fast jeder andere Autor hätte den Text gelesen und vielleicht abgeheftet. Professor Frank aber bedankte sich artig in einem Brief. Erinnerte daran, dass fünf Jahre zuvor auch schon der zweite Band günstig besprochen worden sei. Weiter heißt es in dem Brief:

So hat sich meine Arbeit also doch gelohnt. Wenn ich gesund bleibe, werde ich, nun freilich mit Gelassenheit, an die Fortsetzung gehen.

Der Wunsch nach Gesundheit blieb leider ebenso unerfüllt wie das Versprechen, das so ehrgeizige Werk mit mehr Gelassenheit zu vollenden. Nun loben wir hier alle ein Werk, das höchstwahrscheinlich nur sehr wenige Menschen von Anfang bis Ende gelesen haben. Weil es für ein Nachschlagewerk gehalten wird, in dem man – wie in einem Lexikon – Auskunft über ein ganz spezielles Thema oder über eine Person sucht. Diese Einstufung ist richtig und falsch zugleich.

Die von Professor Frank vorgelegte Literaturgeschichte ist in der Tat eine vorzügliche Informationsquelle, die man nutzen kann, um Einzelheiten über einen mehr oder weniger bekannten Menschen zu erfahren, der etwas aufgeschrieben hat. Alle bisher vorliegenden Bände sind aber zugleich eine Lektüre, die man als spannendes Sachbuch lesen kann. Natürlich nicht mit schon müdem Geist nach getaner Arbeit, sondern nur in hellwachem Zustand. Denn es sind anspruchsvolle Texte, aber eben nicht geschrieben für Kollegen aus dem Wissenschaftsbetrieb, sondern – vielleicht sogar in erster Linie – für den interessierten Laien.

Doch bevor ich auf diesen Punkt, der mir sehr am Herzen liegt, noch etwas näher eingehe, erlauben Sie mir eine persönliche Bemerkung, die möglicherweise als eine Art Schlüsselerlebnis gedeutet werden kann:

Als ich während meines Studiums in Kiel im historischen Seminar eines typisch deutschen Professors eine Arbeit über den Kriegseintritt Amerikas zurück erhielt, da hieß es in der Benotung: *Sachlich überzeugend, aber zu journalistisch geschrieben, daher nur 3 plus.* Ich könnte mir vorstellen, dass Professor Frank unter die Arbeit eines seiner Studenten das Votum geschrieben hätte: „Vor allem die spannende Darstellung ist ganz besonders zu loben." Denn er selbst hat sich stets an den Grundsatz gehalten, dass die Form eines Textes mindestens so wichtig ist wie sein Inhalt.

Angehende Journalisten und junge Autoren erhalten von ihren Lehrern den Ratschlag, den ersten Absatz eines Artikels oder eines Buchtextes so zu schreiben, dass er beim potentiellen Leser Spannung, zumindest Neugierde hervorruft. Das ist ein wichtiger Hinweis. In einer Zeit, in der die Bilder das gedruckte Wort immer weiter ins Abseits drängen, kann man nicht mehr so schreiben, wie vor zwanzig oder dreißig Jahren. Jedenfalls dann nicht, wenn man jemanden dazu bewegen will, einen gehaltvollen Text zu lesen, statt sich die Information auf dem bequemeren Weg über Hörfunk oder Fernsehen zu holen.

Einmal angenommen, eine große überregionale Zeitung oder gar der ‚Spiegel‘ würden sich entschließen, aus Anlass eines runden Geburts- oder Todesjahres des Dichters Friedrich Gottlieb Klopstock eine Personality-Geschichte zu veröffentlichen. Die für den Text engagierte Edelfeder brauchte sich über den Einstieg keine eigenen Gedanken zu machen. Der Autor müsste nur den zweiten Band von Horst Joachim Franks Literaturgeschichte, Seite 128, aufschlagen und könnte Wort für Wort abschreiben. Dort heißt es:

Ein solch ehrenvolles Begräbnis wurde noch keinem deutschen Dichter zuteil. Als an jenem 22. März 1803 der Trauerwagen mit dem einfachen schwarzen Sarg vierspännig durch die Straßen Hamburgs vom Jungfernstieg über das Millerntor nach Altona rollte, begleitete ihn eine hundertköpfige Ehrenwache des Senats, folgten ihm sechsundsiebzig Kutschen, darunter, wie beim Trauergeleit eines regierenden Fürsten, die der Gesandten Dänemarks, Englands, Frankreichs, Preußens und Rußlands, säumten an die dreißigtausend Menschen die Straßen, läuteten von allen Türmen die Glocken und wehten im Hafen auf den Schiffen die Flaggen halbmast. An der Stadtgrenze nach Altona wurde die hamburgische Ehrenwache von dänischen Husaren abgelöst. So ging der Zug, dem sich fünfzig weitere Kutschen anschlossen, nun von Mädchen mit Blumen und von Trauermarschällen begleitet, unter den Klängen einer Trauermusik weiter nach Ottensen hoch am Elbufer zur Christianskirche, wo nach einem Gottesdienst die sterbliche Hülle des Dichters neben der seiner Gattin Meta unter einer Linde beigesetzt wurde.

Was für eine anschauliche Schilderung! Wer diesen ersten Absatz des Kapitels über Klopstock gelesen hat, der wird unbedingt wissen wollen, was das für ein Dichter war, der prunkvoll wie ein Fürst zu Grabe getragen wurde. In einem dramaturgisch geschickten Aufbau folgt dem Begräbnis die Darstellung von Kindheit und Jugend. Und erst dann, wenn der Leser Anfang und Ende des Dichters kennen gelernt hat, folgt die Einführung in das Werk.

Ähnlich, wenngleich nie schablonenhaft, verfährt Horst Joachim Frank bei fast allen andere Kapiteln. Und so wie er Personen attraktiv vorstellt, präsentiert er auch ungemein anschaulich und stets verständlich historische Hintergründe. Auch dafür nur ein Beispiel, das sich durch viele andere ergänzen ließe.

Der 1609 geborene Paul Fleming gilt als der bedeutendste deutsche Lyriker seiner Zeit, ist heute aber fast nur noch Literaturwissenschaftlern bekannt. Horst Joachim Frank wirbt für den vergessenen Dichter dadurch, dass er sorgfältig und ungemein fesselnd den historischen Hintergrund aufzeigt. Selbst derjenige, der von Fleming gar nichts wissen will, bekommt in dem entsprechenden Kapitel eine ebenso unterhaltsame wie informative Lektion in schleswig-holsteinischer Landeskunde, indem zunächst kurz und begreifbar dargestellt wird, wie damals die Machtverhältnisse im Norden aussahen. Nämlich außerordentlich kompliziert. Was mancher Historiker sein ganzes Gelehrtenleben lang nicht geschafft hat, das erreicht Professor Frank auf zwei Seiten (vgl. Bd. 1, S. 510f). Wer sie gelesen hat, weiß, wie die Dreiteilung der beiden Herzogtümer funktioniert beziehungsweise nicht funktioniert hat. Und so ganz nebenbei erfährt der Leser auch noch alle Einzelheiten über jene denkwürdige Expedition von Schleswig nach Moskau und nach Persien, an der neben Fleming auch der Gelehrte Adam Olearius teilnahm, der sowohl durch seine Reisebeschreibungen als auch durch den von ihm konstruierten Gottorfer Globus bekannt geblieben ist (vgl. Bd.1, S. 511-526).

Fast alle Vergleiche hinken, dennoch kann man mit ihrer Hilfe bekanntlich vieles verdeutlichen. Im dritten Band seiner Literaturgeschichte befasst sich Horst Joachim Frank mit Theodor Mommsen. Er rühmt seinen mitreißenden Stil, mit dem er bewegen und überzeugen konnte, würdigt die *Realitätsfülle seiner Darstellung* und seine erfolgreichen Bemühungen, auf gelehrte Anmerkungen zu verzichten und für ein breites Publikum zu schreiben. Diese Charakterisierung trifft auch auf Horst Joachim Frank zu. Und beiden Wissenschaftlern gemeinsam ist auch der enorme Sachverstand und der unglaubliche Fleiß.

Die Arbeit des einen ist mit dem Nobelpreis gewürdigt worden, die von Horst Joachim Frank hat hierzulande noch nicht die Beachtung gefunden, die sie verdient hat. Das könnte auch an der Präsentation für die Öffentlichkeit liegen. Ich kann mich nicht erinnern, dass eine Zeitung des Landes dem Werk eine Seite oder gar eine Doppelseite gewidmet hat; ich habe Horst Joachim Frank in keiner Talkshow gesehen; kein Literaturhaus hat ihm einen Leseabend gewidmet; wenn ein Regierungsmitglied ein Gastgeschenk überreicht, wird es wohl auch in Zukunft ein Bildband sein, und wahrscheinlich wird auch diese Veranstaltung keinen publizistischen Wellenschlag zur Folge haben. Gute und anspruchsvolle Sachbücher haben es offenbar schwer, zu Bestsellern zu werden. Es sei denn, sie handeln vom Fußball, oder ihr Autor tritt regelmäßig im Fernsehen auf.

Horst Joachim Frank: *Literatur in Schleswig-Holstein. Bd. 1: Von den Anfängen bis 1700* und *Bd. 2: 18. Jahrhundert.* Neumünster: Wachholtz, 1995 und 1998.

Heinrich Detering

*Horst Joachim Franks ‚Literatur in Schleswig-Holstein'
als Modell regionaler Literaturgeschichtsschreibung*

Horst Joachim Franks monumentale, enzyklopädische und dabei so unterhaltsam lesbare ‚*Geschichte der Literatur in Schleswig-Holstein*' von den Anfängen bis in die Frühe Moderne nach Verdienst zu rühmen, dafür ist der Raum einer so knappen Würdigung, wie sie mir zufällt, zu klein. Sie lässt sich aber über ihre Verdienste um ihr engeres Thema hinaus auch als Modell einer aufgeklärten Literaturgeschichte einer Region lesen; nur dazu will ich hier einige Bemerkungen machen. Horst Joachim Franks Projekt beruht auf der entscheidenden Einsicht, dass Identifikationen topographischer Abgrenzungen mit soziokulturellen kulturelle Konstruktionen darstellen und als solche Gegenstände der Kulturgeschichte sein müssen, dass also auch die einander historisch ablösenden Definitionen dessen, was in einem auch literaturgeschichtlich relevanten Sinn als „Region" abgegrenzt erscheint, selbst zur Literaturgeschichte der jeweils gegenwärtigen „Region" gehören.

Frank bezeichnet sein Unternehmen darum bewusst nicht als eine „Schleswig-Holsteinische Literaturgeschichte", suggeriert also von vornherein keine Einheitlichkeit und Geschlossenheit des topographischen und historischen Raumes, mit dem er es zu tun hat. Er vermeidet auch jede Art von entelechetischer Geschichtsbetrachtung, die Unterstellung also, es verwirkliche sich im Laufe der Jahrhunderte so etwas wie ein schleswig-holsteinisches „Wesen". An die Stelle der anachronistischen Rückprojektionen von Nationalstaatskonzepten, wie sie in Literaturgeschichten beiderseits der gegenwärtigen Staatsgrenze im 19. und 20. Jahrhundert immer wieder unternommen worden ist, betrachtet er Schleswig, Holstein und Schleswig-Holstein (in ihren wechselnden äußeren Grenzen, in ihren wechselnden inneren Beziehungen und Verhältnissen) als einen Schauplatz, auf dem unterschiedliche Sprachen und Kulturen, auch unterschiedliche Formen des soziokulturellen und gesellschaftlich-politischen Selbstverständnisses, sich mit- und gegeneinander entwickelt, einander verdrängt oder aufgenommen, neue literarische Ausdrucksformen hervorgebracht haben. Weil eine Literatur-Geschichte einer Region es dabei im Unterschied zur allgemeinen politischen und soziokulturellen Geschichte ihrerseits mit „Geschichten" in einem ganz wörtlichen Sinne zu tun hat, deshalb ist sie die Geschichte von Geschichten, ihren Produzenten und den Umständen ihrer Produktion und Rezeption; deshalb eignet ihr eine außergewöhnliche Dichte und Komplexität, aber auch eine spezifische Heterogenität. Nirgends hängen so viele unvernähte Fäden aus dem regionalen Text-Gewebe heraus wie in denjenigen literarischen Geschichten, die sich nur an einem einzigen (entstehungs- oder wirkungsgeschichtlichen, stoffbezogenen oder biographischen) Punkt berühren. So lässt sich Storms ‚*Schimmelreiter*' als eine Nordfriesland-Novelle im emphatischen Sinne lesen, während ‚*Der Herr Etatsrat*' lediglich vom selben Verfasser in Nordfriesland geschrieben worden und ohne Ortskenntnis gar nicht auf eine bestimmte Lokalität zu fixieren ist. Die an diesen Rändern der Regionalgeschichtsschreibung sichtbar werdende Kontingenz zwingt, das zeigt Frank vom ersten Band an, zu einer ständigen kritischen Selbstreflexion. Sie unterscheidet die von Horst Joachim Frank praktizierte regionale Literaturgeschichtsschreibung fundamental von jeder Form ideologischer „Heimatkunst" und ihrer Geschichte.

Weil die Kulturgeschichte einer Landschaft die Rekonstruktion ihrer Konstituierungen und Konstruktionen in der Schrift ist, deshalb begreift Frank die Kulturlandschaft „Schleswig-Holstein" in seinen wechselnden historischen Abgrenzungen und Bestimmungen im strikten Sinne als Palimpsest. Was er in den drei Bänden betreibt, die zu vollenden seiner stupenden Arbeitskraft trotz seiner Krankheit gelungen ist und deren dritter seinerseits aus zwei umfangreichen Teilbänden besteht – das ist eine Regionalkomparatistik, die es mit deutscher wie mit dänischer, mit neulateinischer und friesischer, mit hochsprachlicher und dialektaler Literatur zu tun hat. Entsprechend detailgenau ist die Darstellung im Einzelnen, und entsprechend weit andererseits ihr literatur- und kulturgeschichtlicher Horizont.

Denn zu alldem setzt Frank in allen Bänden auch ganz selbstverständlich das voraus, was man in den sechziger Jahren einen „erweiterten Literaturbegriff" nannte. Er erörtert also Gedichte, Romane und Novellen der Hoch- wie der Popular-Literatur ebenso aufmerksam wie Reisebeschreibungen oder mittelalterliche Mysterienspiele, Geschichtswerke und politische Flugblatt-Texte, und ein kulturgeschichtlich so bedeutsames Kochbuch wie Rumohrs ‚*Geist der Kochkunst*' findet ebenso seine Aufmerksamkeit wie die Entwicklung des Hoftheaters in Gottorf oder die Shakespeare-Übersetzungen Wolf Graf Baudissins. Denn als Gegenstände regionaler Literaturgeschichtsschreibung kommen für ihn prinzipiell alle Texte in Frage, die in einer der genannten Weisen mit der einmal gesetzten „Region" in einer relevanten Beziehung stehen – sei es, dass sie hier entstanden sind, sei es, dass sie sich auf diese Region thematisch beziehen. Entscheidungen über „Relevanz" wie darüber hinausgehende literarische Wertungen schließen dabei subjektive Entscheidungen des Literatur-Geschichts-Schreibers nicht nur unvermeidlich mit ein, sondern fordern sie glücklicherweise sogar heraus.

Nun handelt es sich bei der „Region" der einstigen Herzogtümer Schleswig und Holstein, mitsamt später hinzugekommenen Gebieten wie Lübeck oder Lauenburg, um den wichtigen Sonderfall einer kulturellen, sprachlichen und schon früh auch nationalen Grenz-Region. Pluralität und Heterogenität der Texte, aus denen der topo-graphische Palimpsest besteht, sind hier besonders augenfällig, besonders konfliktträchtig und besonders produktiv. Nirgends sind die alten oder konkurrierenden Eintragungen auf dem Pergament so heftig ausradiert worden wie in einer solchen Grenz-Region, nirgends die jeweils neuen Eintragungen mit größerem Nachdruck hingeschrieben – und deshalb nirgends die Spuren der konkurrierenden Definitionen der Region so mannigfach und ausgeprägt. Die literarische Geschichte dieser Region schreiben heißt erzählen vom meerumschlungenen Schleswig-Holstein als deutscher Sitte hoher Wacht – und vom dänischen Slesvig, das durch Thyras Wall oder die Eider als Romani Imperii Limes begrenzt wird, von nordfriesischer, dithmarsischer, lübischer Eigenständigkeit und wechselnden nationalen Zugehörigkeiten; es heißt auch, die Geschichte von Geschichten erzählen, die in hoch- und niederdeutscher Sprache, in

Rigsdansk und auf Sønderjysk, auf Latein und in den diversen Varianten des Friesischen erzählt worden sind, nicht ganz selten von einem einzigen Verfasser in mehreren dieser Sprachen. Die Literaturgeschichte dieser Region schreiben heißt also: Regionalkomparatistik betreiben. Deshalb gehören zu den Autoren, über die man bei Horst Joachim Frank fündig wird, dänische und deutsche, friesische und niederdeutsche. (Und gerade angesichts dieser Vielfalt wird die bekannte Relativität der Opposition von Zentrum und Peripherie erneut sichtbar. Für die Geschichte der Ab-, Ein- und Ausgrenzungen ist die in nationalhistorischer Topographie per definitionem periphere Grenz-Region zentral.)

Ein hierfür besonders instruktives Beispiel gibt der dritte Band, dessen Generalthema die Literatur im Schleswig-Holstein des 19. Jahrhunderts ist. Er umfasst die Zeit von der Romantik bis zum Tode Detlev von Liliencrons. Der erste Teilband befasst sich mit der Epoche des übernationalen dänisch-norwegisch-deutschen „Gesamtstaats", der zweite mit den Herzogtümern *‚In Preußen und im neuen Reich'*. Der Band präsentiert mithin nicht weniger als (unter anderem) eine vollständige Geschichte des Poetischen Realismus in dieser besonderen Region, mitsamt seiner Vorgeschichte und seinen weitläufigen kulturgeschichtlichen Zusammenhängen. Es ist diese umfassende K o n t e x t u a l i s i e r u n g, in der sein spezifisches Verdienst besteht. So wird hier ein exzellentes Kapitel über Klaus Groth substanziell ergänzt und erweitert durch ein fast ebenso umfangreiches über die mannigfaltige niederdeutsche Literatur *‚In Groths Gefolge'*. Neben den Werken großer Geschichtsschreiber wie Theodor Mommsen oder Friedrich Christoph Dahlmann werden auch die politisch-agitatorischen Texte der nationalen Auseinandersetzungen erörtert und die revolutionären Dichtungen Harro Harrings. Neben den bis heute vielgelesenen und unangefochten kanonischen Dichtern wird auch der seinerzeit so verehrte Emanuel Geibel nach historischem Verdienst gewürdigt – ohne dass die literarischen Wertungen sich dabei je verwirrten. Der umfangreiche auf Schleswig-Holstein bezogene Werkbereich Fontanes steht neben einem nicht weniger gründlichen Kapitel über *‚Reimschmiede und Freizeitpoeten'*; ausführlichen Darstellungen zu populären Lesestoffen von Lieblingsautoren der Epoche wie Wilhelm Jensen oder Erzählerinnen wie Sophie Wörrishöffer (dem weiblichen „Karl May von Altona") und Amalie Schoppe, die der Nachwelt zumeist nur als Förderin des jungen Hebbel im Gedächtnis geblieben ist. Auch auf das Werk Friedrich Hebbels selbst fällt hier schon deshalb ein neues Licht, weil es im Zusammenhang der zeitgenössischen Entwicklungen in der deutschen Literatur und Kultur gesehen wird (vom Vorbild Schillers bis zu den Auseinandersetzungen mit Heine und Marx), weil andererseits aber auch die Orientierung an Adam Oehlenschläger und die Beziehung zum gefürchteten Kopenhagener Kritikerpapst Johan Ludvig Heiberg einbezogen sind.

Da überdies schon zuvor ausführlich von den deutsch-dänischen Beziehungen in der Geschichte von Drama und Theater die Rede gewesen ist, da Henrik Steffens' (des norwegisch-dänischen Romantikers, der in Kiel sowohl studiert als auch gelehrt hatte) Einfluss auf Oehlenschläger und die beginnende dänische Romantik ebenso gründlich dargestellt worden ist wie Christian Levin Sanders, des aus Itzehoe nach Kopenhagen gegangenen Dichters und Gelehrten, Bemühungen um ein dänisches Nationaldrama: deshalb erscheint nun Hebbels Lebenswerk in einem denkbar weiten und erhellenden Horizont.

Ähnliches gilt auch für Theodor Storm, dem das letzte, umfangreichste und mit knapp zweihundert Seiten selbst schon monographische Kapitel des Bandes gewidmet ist (wie überhaupt manche der umfangreicheren Kapitel in den vier vorliegenden Bänden beinahe monographische Dimensionen gewinnen können). Allein schon der weit- und weltläufige Kontext, in dem das Storm-Kapitel hier steht, widerspricht am wirkungsvollsten dem verharmlosenden Bild vom nordfriesischen Heimatdichter, dem zu erliegen doch gerade in einer regionalen Literaturgeschichte gefährlich nahe läge. Das Kapitel selbst gibt eine vorzügliche Einführung in Storms Leben und Werk; es ließe sich im Schul- und Universitätsunterricht ebenso nutzbringend verwenden wie für Storm-Forscher, nicht zuletzt deshalb, weil hier – und darin eben bewähren sich die Prämissen von Franks Geschichtskonzeption und Literaturbegriff – über das unmittelbar regional Relevante hinaus das Gesamtwerk in den Blick genommen wird. Dabei fällt vor allem auf Storms Lyrik neues Licht, auf jenen

Teil des Werks also, an dem ein enger Begriff von ‚Heimatliteratur' erst nachrangig interessiert war. Von den frühen Gedichten an Bertha von Buchan bis zur Alterslyrik reicht hier Franks Aufmerksamkeit, und man merkt es diesen Interpretationen an, dass ihr Verfasser Standardwerke zur Gedichtanalyse verfasst hat und dass auch diese regionale Literaturgeschichte im Kontext weitläufiger literaturtheoretischer und -historischer Arbeiten und Interessen entstanden ist.

Um nur ein vergleichsweise knappes und einfaches Beispiel zu nennen: Storms ‚*Über die Heide*' ist schon oft im Hinblick auf geistesgeschichtliche Strömungen oder auf die Beziehungen zur romantischen Naturlyrik hin interpretiert worden. Frank aber macht darauf aufmerksam, wie der Dichter im unauffälligen Wechsel vom Daktylus zum Jambus einen musikalisch-sinnlichen Ausdruck des gleichmäßig trottenden Schritts und seines dunklen Echos erzeugt, eine *eigentümlich stockende Zäsur*:

Úeber die Héide – hállet mein Schrítt;
Dúmpf aus der Érde – wándert es mít.

Ähnlich überzeugend ist die Beobachtung, dass es in ‚*Die Stadt*' vor allem die „stumpfen Reime" sind, die das oft beschriebene Gefühl der Monotonie erzeugen. Die Metrik als Königsweg zum Verstehen von Gedichten: dieses in Franks früheren Büchern vertretene Prinzip findet in seinen Storm-Interpretationen im Kontext einer Geschichte der Literatur in Schleswig-Holstein eine glanzvolle Bestätigung.

Im weiteren Zusammenhang der Storm'schen Dichtung im Zeitalter von Biedermeier und Poetischem Realismus porträtiert Frank den Husumer Gelehrten und Schulmann Detlev Lorenz Lübker in einem eigenen Kapitel über die ‚*Sachwalter der Literatur*' und hebt dabei auch dessen Verdienste um die Vermittlung dänischer Literatur im deutschen Sprachraum hervor. Er würdigt die historiographischen und landeskundlichen Interessen Theodor und Tycho Mommsens, Wilhelm Jensens Novellen und Karl Müllenhoffs Sagen- und Märchensammlung sowie anderer Sammler des 19. Jahrhunderts, und er verfolgt die Entfaltung einer in ihrem Wirkungsradius noch immer eng begrenzten, in ihrer autochthonen Sprachentwicklung aber eben auch besonders faszinierenden friesischen Literatur – und so fort. Wer sich wiederum für Storms Lyrik auf der Schwelle zwischen Realismus und Moderne interessiert, der wird hier dankbar die Fortsetzung dieser Geschichte im abschließenden, wiederum fast monographische Ausmaße erreichenden Kapitel über Detlev von Liliencron lesen.

Wenn also irgendwo der Satz gilt, dass das Ganze mehr ist als die Summe seiner Teile, dann ganz gewiss hier – und das in einem Werk, das schon in seinen Teilen von imponierender Kenntnis, Geschlossenheit und Anschaulichkeit ist. Zur letzteren trägt nicht zuletzt die klare, präzise und schnörkellose Darstellung bei, die den Literarhistoriker Frank auch als erfahrenen Pädagogen zu erkennen gibt. Ein Werk wie dieses ist nicht nur in der Forschungsliteratur über Schleswig-Holstein ohne Beispiel. Ein unentbehrliches Handbuch ist es schon jetzt. Es verdient als Modell regionaler Literaturgeschichtsschreibung gewürdigt – und nachgeahmt zu werden.

Horst Joachim Frank: *Literatur in Schleswig-Holstein*. Bd. 1 bis 3.2. Neumünster Wachholtz 1995-2004.

Autorinnen und Autoren des Bandes

Prof. Dr. Helga Bleckwenn, Flensburg

Prof. Dr. Heinrich Detering, bis 2005 Kiel, jetzt Göttingen

Dr. Hannelore Jeske, Sörup

Prof. Dr. Dieter Lohmeier, Kiel

Erich Maletzke, Osterrade

Prof. Dr. Helmuth Nürnberger, Flensburg

Prof. Dr. August Sladek, Flensburg

Prof. Dr. Erich Unglaub, bis 2001 Flensburg, jetzt Braunschweig

Prof. Dr. Christian Wagenknecht, Göttingen